［図解］できるビジネスパーソンは、
“本音”を聞き出すのがうまい！

コンサルタントの「質問力」

YOSHIAKI NOGUCHI
野口　吉昭

PHP

はじめに

コンサルタントは、ビジネスパーソンの基本スキルを習得するだけでなく、経営者の基本マインド&スキルを習得していなければプロフェッショナルとは言えない。「能書きや机上の理論ばかり振り回すコンサルに経営がわかるもんか！　現場でやっていけるか！」という非難もある。だから、コンサルタントのマインド&スキルが、広くビジネスパーソンの見本であるとか、成功ケースであると言うつもりはない。

だが、多くの基本的なコンサルティング・マインド&スキルの中で、本書で取り上げる「質問力」は、コンサルティング力の妙に尽きるものであると言ってもよいと思う。多くのさまざまなプロフェッショナルにも共通するし、コンサルタントの質を評価するスキルでもあるからだ。

一方的な質問では、プロとは言えない。あくまで「相手軸」、しかも広く、高く、深く本質を探求するための質問力は、知識・見識・良識などの集大成とも言える。

いい質問は、いい空気を作るし、いいコミュニケーションを作る。いい質問は、相手を元気づけるし、楽しくさせる。いい質問は、相手を動かし、成果を出すプロセスを作る。

いわばいい質問とは、「動機づけ」の結節点であり、エネルギーの素なのである。質問は、そのときの言葉だけでなく、準備・本番・アフターというプロセス全体でもあり、質問する人間の人生そのものとも言える。

質問されれば、その人のレベルがわかるものなのだ。

多くのビジネスパーソンが、本書を通して「質問力」を磨き、仮説力・本質力・シナリオ力をビジネスに活用いただけることを、心から祈念したい。

株式会社HRインスティテュート　代表　野口吉昭

[図解]コンサルタントの「質問力」──もくじ

はじめに　2

第1章　その道のプロは、「質問力」が命

1 質問力の有無が、仕事の成果に直結する　8
2 ヒット商品は「ニーズをシーズでウォンツに!」で生まれる　10
3 トップ営業マンは話がうまいわけではない　12
4 鋭い質問で相手を感動させる　14
5 事実をうまく使いこなすと納得感が増す　16
6 相手に積極的に自己開示させる力を持つべし　18
7 世間話はムダではない　20
8 物語を聴く力を持つべし　22
9 質問力のある医者、質問力のない医者　24
10 優れたソムリエは空気を読み、空気を消す　26
11 コンサルタントの質問力①「仮説力」　28
12 コンサルタントの質問力②「本質力」　30

13 コンサルタントの質問力③「シナリオ力」 32
「質問力」を鍛える8つのポイント 34

第2章 「仮説力」がなければ話は始まらない

14 すべての仕事は仮説構築から始まる 36
15 事前リサーチで質問の質を高める 38
16 ロジックツリーを使って、解決策を導く 40
17 質問ツリーを作ってからインタビューに臨む 42
18 場の空気を読み、状況に応じた質問をする 44
19 状況認識は最初の一分間が勝負 46
20 一度貼ったレッテルを剥がしてみる 48
21 常識と予備知識にとらわれるな 50
22 ゼロベースで質問を組み立て直す 52
23 質問者には「傾聴」と「共感」が欠かせない 54
24 相手の心を開く、いい「呼び水」の質問とは? 56
25 具体的な質問と抽象的な質問を使い分ける 58
26 コミットメント力で相手の懐に入る 60

27 本気になって怒れば、本音が出てくる 62
28 覚悟を促す質問で「ルビコン川を渡る」 64
「仮説力」を鍛える8つのポイント 66

第3章 「本質力」こそ、こだわりの質問を生むエッセンス

29 質問を通じて本質に達するソクラテスの産婆術 68
30 聞くことの基本は、うなずきと短いコメント 70
31 相手に喋らせながら、会話の主導権を握る 72
32 三つの「まとめる力」で本質に近づく 74
33 「鳥の目」と「虫の目」で緩急自在の質問を 76
34 点から面へ展開し、面から点に落とし込む 78
35 質問とリアクションにバリエーションを 80
36 語彙力を磨かないと、本質を突いた質問はできない 82
37 探究心と自分で考える習慣を持とう 84
38 質問は短く、本質を凝縮した「ワンメッセージ」に！ 86
「本質力」を鍛える8つのポイント 88

第4章

「シナリオ力」で、質問の目的を達成する

39 話が脱線しないように質問のシナリオを作る 90

40 フレームワークを使って、次の質問を生み出す 92

41 感動と共感を呼ぶシナリオ作り 94

42 複数の質問候補の中から次の一手を選び取る 96

43 質問のセオリーは積み上げ式 98

44 質問ツリーの階段を縦横無尽に行き来する 100

45 「ゆさぶり」と「軸ずらし」でシナリオを修正する 102

46 相手のメッセージを読み取る「聴く力」 104

47 ストーリーで人を動かす 106

48 質問は究極のコミットメントで完結する 108

「シナリオ力」を鍛える8つのポイント 110

第1章

その道のプロは、「質問力」が命

1

質問力の有無が、仕事の成果に直結する

すべての人に必要な力

「コンサルタントの現場スキルで最も大切なものはなんでしょう?」という問いがあったとしたら、私は迷うことなく「それは『質問力』」と答える。

なぜなら、質問力には多くのマインド&スキルが組み込まれているからだ。

論理的思考から始まって、コンセプト思考、戦略的構想力、問題意識、当事者意識、マクロ環境知識、市場環境知識など多くの要素が質問力には凝縮されている。

そして、これはコンサルタントだけに必要な能力ではない。多くのビジネスパーソンにも求められている重要な能力なのだ。

質問力がある人は、間違いなく仕事がデキる。言い方を変えれば、質問力を磨けば、仕事ができるようになる。デキるコンサルタントもみな、高い質問力を持っている。

コンサルタントは、クライアントの言葉に耳を傾け、

「彼ら彼女らは、どういったことに問題を感じているのか」

「その原因はどこにあると考えているのか」

「彼ら彼女らが思いついている以外の原因は考えられないか」

「どうすれば課題を解決できると考えているか」

「その課題解決案は的を射たものか」

といったことを、クライアントと一緒に探っていくのが仕事だ。自分たちが抱えている課題をクライアントがうまくまとめられていないときには、課題整理に根気強くつき合っていく。

そのうえで、彼ら彼女らの実感に直結した納得感のある解決策を提示してもらったり、こちらから提示したりする。

汎用的で抽象的な意見やアドバイス、コンサルタントの武器と呼ばれる、いわゆるフレームワークを使った型どおりの深みのない整理・分析や戦略提示は必要とされていない。

高く、広く、深くコミットできるか

もちろん、フレームワークは事象をわかりやすく整理するためには重要であるが、その内容は現場に即して、かつ強い思いがあり、血の通ったものでなくてはいけない。クライアントが置かれている状況に対して、深く入り込むコミットする姿勢と、コミットできる能力が重要なのである。

そして常に、高く、広く、深くなくてはならない。

そうしたことができるコンサルタントだけが、クライアントから「あのコンサルタントは、自分たちのことを本気になって考えてくれているし、また現実性のある提案力を持っている」という信頼を勝ち得ることができるのだ。

質問力とは何か？

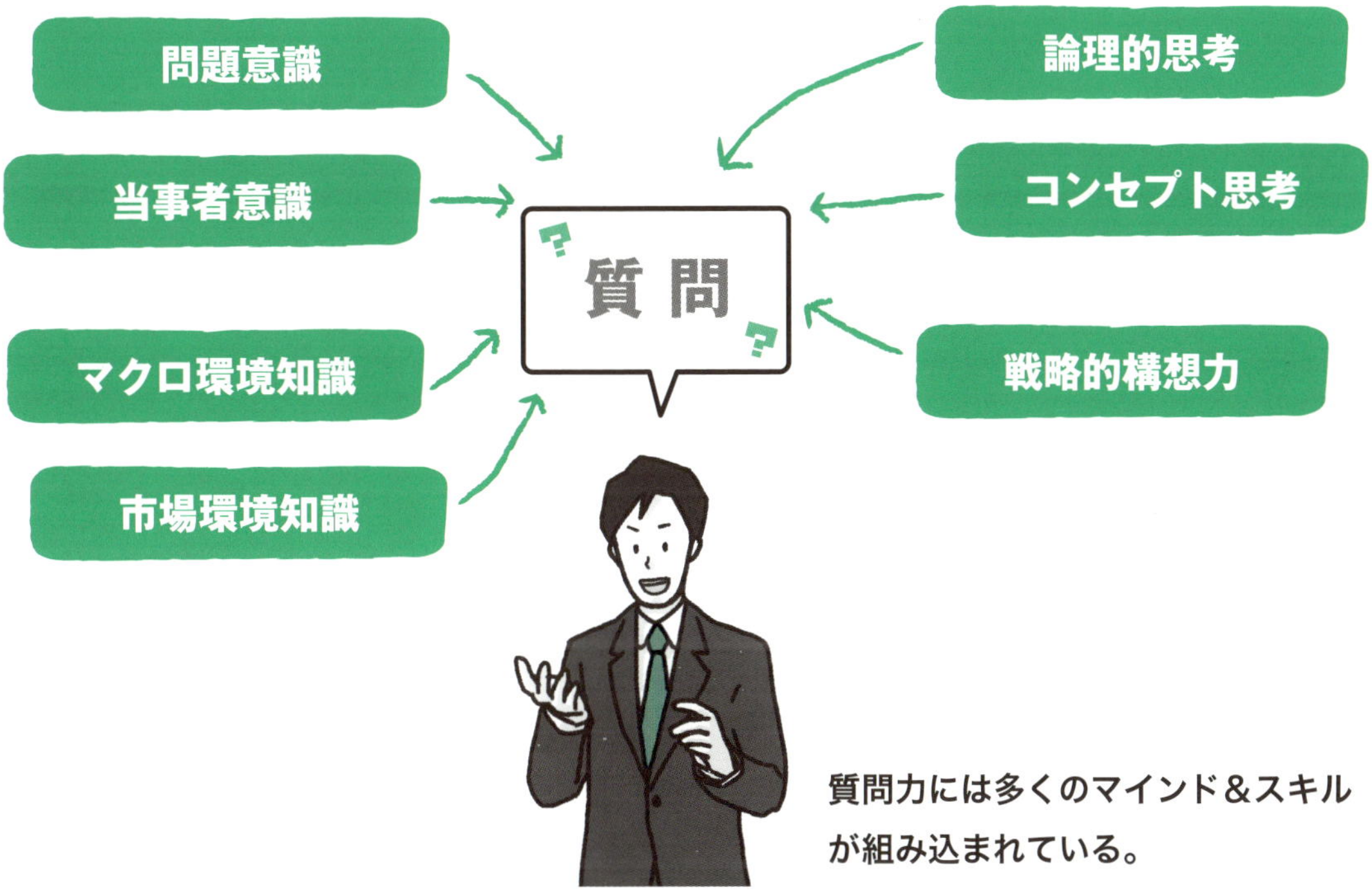
問題意識
当事者意識
マクロ環境知識
市場環境知識
論理的思考
コンセプト思考
戦略的構想力
質問

質問力には多くのマインド＆スキルが組み込まれている。

質問はその人の知識・スキル・マインドの集大成！

コミットする姿勢で、クライアントから信頼を勝ち得る

現実性のある提案
！
クライアントが置かれている状況からの仮説構築・検証を！

質問力でクライアントとの距離を縮めるべし！

2

ヒット商品は「ニーズをシーズでウォンツに！」で生まれる

ユーザーの要望をそのまま商品化してもヒットしない

質問力はいつの時代でも、どんな職業にも求められる普遍的な能力だが、現在、とりわけ質問力の重要性が高まっていると思う。

単純作業をこなしたり、物事の整理分類の多くは、ＩＴがやってくれるようになった。すると人の仕事は企画や開発、あるいは直接的な顧客対応などの新しい価値を生み出していくことに、より比重が傾いてくる。そのような付加価値が求められる仕事においては、質問力が大きな役割を果たすのだ。

私が質問力の重要性を考慮した意味合いからよく用いる言葉に「ニーズをシーズでウォンツに！」という言葉がある。質問力は、モノゴトの探求を検証することを意味し、質問力向上に欠かせない考え方だからだ。

つまり、世の中には、「顧客のニーズを的確に把握して商品開発をおこなう」といったことを口にする人が多い。しかし、モノがあふれている今の時代、ユーザーからどんな商品がほしいかを聞き出してそのまま商品化しても、ヒットする可能性は低い。誰でも思いつくような、ありがちな商品に落ち着くからだ。

人が驚く、人が喜ぶような付加価値が求められている。探究心が重要なのだ。

そこで「ニーズをシーズでウォンツに！」である。ニーズとは、人々の間ですでに顕在化されている要求のこと。一方ウォンツとは、人々がまだ気がついていない潜在的な欲求のこと。シーズとは、自分たちの持っている知恵や技術のことを言う。

質問力を磨くということは、情報・データ・思考を整理し、体系化し、本質を探究し、解を見つけることを意味する。それはこの商品開発における、「ニーズを整理し、求められる本質のウォンツをシーズで創出すること」と非常に似ているのだ。

商品開発者や企画担当者、営業担当者などに求められるのは、ニーズを把握したうえで、自分たちのシーズを駆使して、人々のウォンツに働きかける商品やサービスを提案することである。その提案が「今まで気がつかなかったけど、私、こういうのがほしかったんだよね」と受け入れられたときに、はじめて商品がヒットする。

人間にしか生み出せない価値がある

現在の成熟した市場、見えない経済構造や複雑な価値観で織り成された社会で生き残るには、「創造力」「企画力」「コンセプト力」が必要だ。それにはニーズではなく、ウォンツレベルでの価値創出が不可欠である。

優れた質問力とは、ニーズを整理し、深い分析を展開し、独自の創造力・企画力・コンセプト力などの能力を駆使してニーズをウォンツに昇華することのできる能力なのだ。

ニーズをシーズでウォンツに！

ニーズ → **シーズ** → **ウォンツ**

ニーズ：人々の間で、すでに顕在化されている要求のこと。

シーズ：自分たちの持っている知恵や技術のこと。

ウォンツ：人々がまだ気づいていない潜在的な欲求のこと。

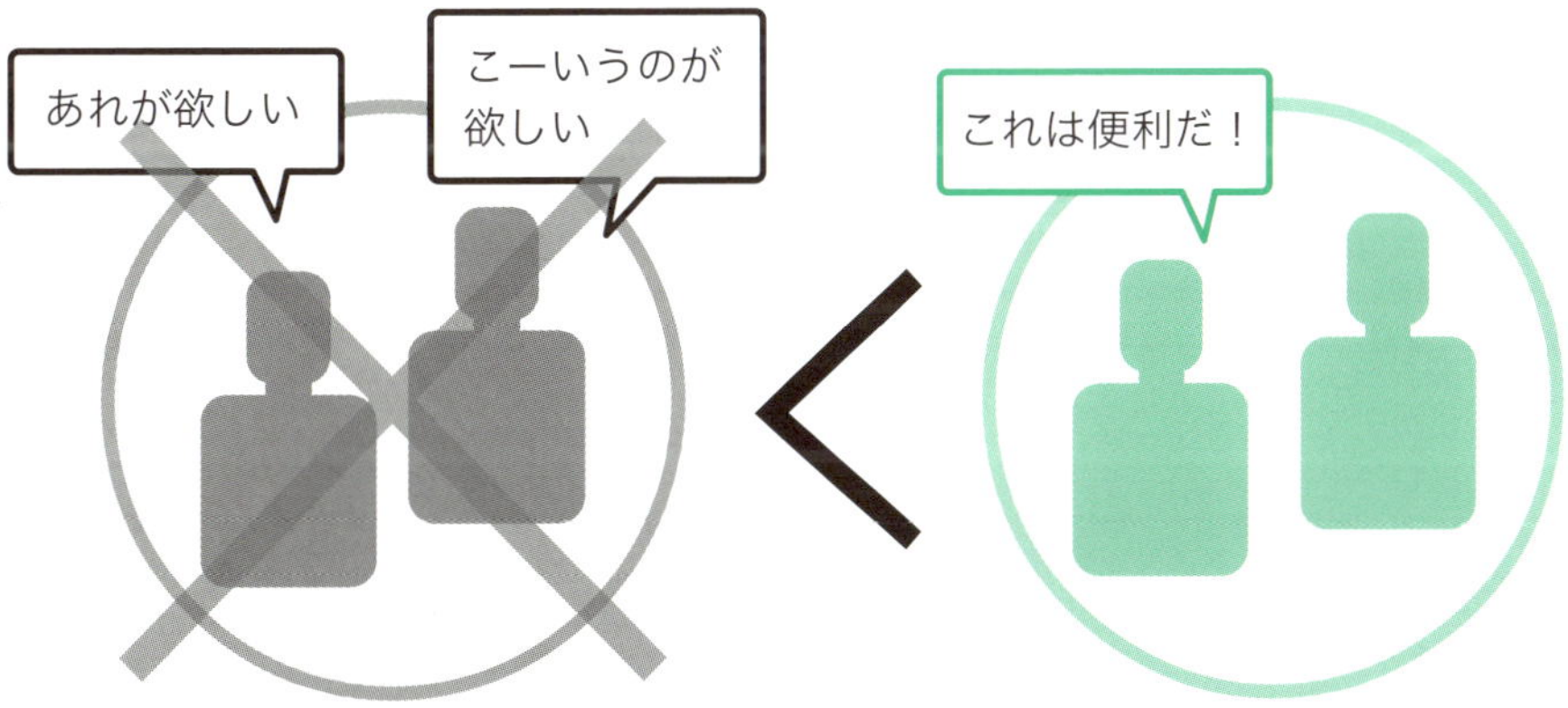
あれが欲しい
こーいうのが欲しい
これは便利だ！

顧客のニーズを商品化させただけではありきたりなものになってしまう。

顧客が潜在的に求めているものをつくり出すことが重要。

優れた質問力とは

ニーズの整理
深い分析
創造力
企画力
コンセプト力
ニーズをウォンツに昇華させる。

3 トップ営業マンは話がうまいわけではない

一方的に話すのはNG

私は以前、多くのトップ営業マンにヒアリングをしたことがある。「なぜ、あなたはトップ営業マンになれたのか?」「その要因はなんだと考えるか?」についてだ。

そのとき感じたのは、「トップ営業マンって、話がうまいから好成績を収めているわけではないんだな」ということだった。

寡黙でも、トップ営業マンの人はいる。というか私が会った人は、立て板に水のように喋《しゃべ》るとか、プレゼンテーションが抜群にうまいという人は一人もいなかった。一般的なイメージとは逆に、喋りすぎる人は営業マンには向いていないのかもしれない。

彼ら彼女らはこちらが質問を投げかけると、ぼそぼそと言葉を返してくる。一つひとつの言葉は、その人が経験の中で蓄積してきたであろう深みを感じさせるものばかり。

そういう人たちだから、逆の立場に回ったとき、つまり顧客にヒアリングをする立場に立ったときにも、やはりあまり口数は多くない。だいたい七対三、もしくは六対四の比率で、自分よりも顧客の方に話をさせている。

「自分のこと、自社のことよりも、相手のことを考えているからこそ、顧客から信頼を得られるんだ」と、私は妙に納得してしまった。

これが営業成績のよくない生命保険会社のセールスレディなんかだとまったく逆だ。どやどやと職場や自宅にやって来て、一方的に話を展開する。会社で配っているキャラクターグッズやノベルティを、無理やり客に押しつけようとする。トップセールスを記録しているような人とまったく異なる。

トップセールスレディの秘密

また、私は以前、全国でも上位にランクされるトップ・セールスレディにインタビューしたことがある。

その人がすごかったのは、まず顧客と会う回数が、ものすごく多いということだった。本当にこまめに顧客のところに足を運ぶ。

でもただ会って、こちらが言いたいことを言っているわけではない。顧客からいろんな情報を引き出していた。

家族構成や旦那さんの仕事、あるいは娘さんが結婚することなど。損保なので、もちろん一番大切な住宅や車に関する情報も、きちんと押さえている。どんな車を何台所有していて、車検や買い換えの時期はいつか。今契約している損保会社はどこかといったことを、細部に至るまでよく記憶している。

これだけのことを聞き出せば、どのタイミングでどんな商品を提案すれば、顧客が購入に動くかが自然と見えてくる。トップ・セールスレディがトップであり続けられる所以《ゆえん》である。「顧客をどれだけ知っているか?」がトップセールスの裏付けなのだ。

うまく話すことよりも、うまく話を聴くことが重要

トップ営業マン

そうなのですね、では～

自分よりも顧客に話をさせ、顧客の情報をうまく聞き出し、記憶する。

「私（顧客）を知っている人」こそトップセールスの証なのだ！

成績のよくない営業マン

今はこれが～
みなさん～で
今なら特別にこの
グッズがセットに～

一方的に話し、ノベルティーグッズなどで顧客の関心を引く。

話すより、聴くことが大切！

営業成績に差が出る！

自分や自社のことよりも顧客のことを考えている態度や、話を聴く姿勢、そして、顧客のことをどれだけ知っているかがポイントとなる。

4 鋭い質問で相手を感動させる

なぜ、最近の営業はダメなのか？

ここ数年営業の世界では、従来のような御用聞き営業ではダメで、ソリューション営業やコンサルティング営業が重要だと言われている。そこで顧客の潜在的なウォンツを探り出すため、「質問」に注目が集まるようになってきた。

ある医師も先日、「どうも最近のＭＲ（医薬情報担当者）は、事前に調べればわかるようなことしか聞いてこなくてね」とこぼしていた。

ＭＲは医師に、さまざまな質問を投げかけてくる。

「この薬は、どんな症状の人によく処方していますか」「患者の年代は何歳ぐらいの人が多いですか」「副作用は起きていますか」——

このレベルの質問であれば、わざわざ医師に聞き直さなくても、製薬会社の方で既に把握しているはずである。

しかしＭＲは、マニュアルに書いてあるのでそれを律儀になぞっているわけである。

一方、医師は忙しい。ＭＲと無駄話をする暇があったら、患者の診療や次の手術の検討に入りたい。医師が求めているのは、そのとき自分が抱えている切実な問題に対する具体的な情報提供であり、鋭い質問である。

仮説をベースに、単刀直入に切り込む

優秀なＭＲになると、医師がどんな問題意識を抱いているか仮説を立てたうえで質問を投げかける。その医師が勤務している病院の規模や抱えている患者の特徴などから、問題意識のおおよその推測は可能だ。そして、雑談が終わり本題に入ったところで、

「先生は今〇〇の専門ドクターとして、△△の症状を示した患者さんについて、××という問題を抱えていませんか？　〇〇先生の論文発表には、私どももいくつかの臨床データの提供をさせていただきましたので……」

と、単刀直入に鋭く切り込んでいくのだ。

特に相手が専門家の場合はそうだが、深い質問ができるかどうかによって、「こいつはできる」「こいつはダメ」と、自分のレベルが測られてしまうところがある。

鋭い質問や深い質問は、「おっ、モノを見る力がある人間だな」というちょっとした感動を相手にもたらす。

逆に凡庸な質問は、「なんだ、この程度か」という失望を相手に与える。

感動させる質問ができれば、相手は「いろいろと喋っちゃおう」という気持ちになるし、通り一遍の質問しかできなければ、相手は適当に答えて早めに面談を切り上げようとする。

そう考えると質問というのは怖い。剣道や柔道はお互いに向きあった瞬間に相手の実力や気力がわかるというが、質問もまた同じように、発した瞬間に自分の実力や気力が露《あらわ》になってしまうものなのだ。

相手に感動をもたらすような質問をする

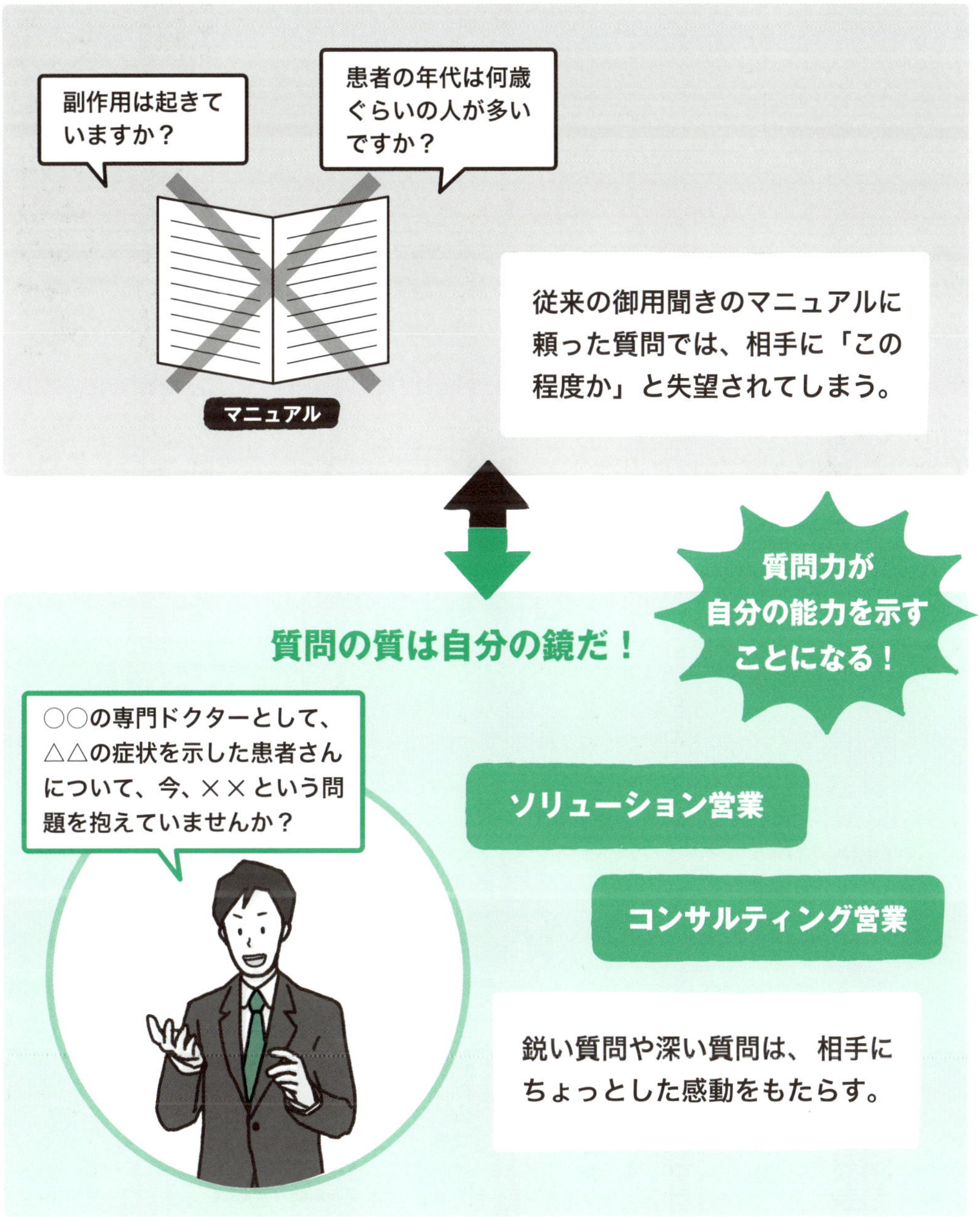
副作用は起きていますか？

患者の年代は何歳ぐらいの人が多いですか？

マニュアル
従来の御用聞きのマニュアルに頼った質問では、相手に「この程度か」と失望されてしまう。

質問力が自分の能力を示すことになる！

質問の質は自分の鏡だ！
○○の専門ドクターとして、△△の症状を示した患者さんについて、今、××という問題を抱えていませんか？
ソリューション営業
コンサルティング営業
鋭い質問や深い質問は、相手にちょっとした感動をもたらす。

相手に質問する内容で、自分のレベルが測られてしまう。

5

事実をうまく使いこなすと納得感が増す

なぜ、体重が五キロも減ったのか？

私が通っているジムでは、月に一回程度、インボディという筋量測定を行っている。私のインストラクターは、そのデータを見せながらこう質問し、こう説明してくれる。

「野口さん、ここ二回連続数値が伸び悩んでいます。が、大丈夫ですよ。思いあたりますよね。体重は増えていませんから安心してください。

ただ、全体としての総合点のフィットネス係数が今一つなんです。それは、基礎代謝が伸びていませんので、脂肪が燃えにくいからです。特に足の筋肉ですよ、ポイントは。どうでしょう、足の運動を少し強化してみませんか？」

半年で体重を五キロ減らすことができたのは、このインボディの測定とインストラクターのコーチングのお蔭だと思っている。もちろん食生活も変えた。しかし、事実（ファクト）を基本にして、最適なトレーニングメニューを状況に合わせて設計してくれたことと、これに則してトレーニングしたことが成功の秘訣だ。

このインボディは、左手右手、左足右足、胴体……など各部位ごとに、筋肉量、脂肪量が算出されるし、トータルな総合点でもそのときのフィットネス状況が提示される。インストラクターは、この事実（ファクト）をもとにうまく全体→部分、部分→全体の組み合わせで私に質問をし、自覚を促し、現実を納得させてくれる術《すべ》を知っている。場数を踏んでいることがよく理解できる。

優れたコーチはオプションを提示し、自分で選ばせる

私は、プライベートテニスクラブに入っていて、このクラブハウスのオーナーでもある若きコーチにレッスンを受けることがある。

この若きオーナーコーチの教え方は、納得感が高い。それは、抽象的な「べき論」だけでなく、できるだけ具体的に「カタチ」として言葉にしてくれるからだ。ストロークは「左手で右手を受けて！」、ボレーは「後ろ足の踏み出しのワン・ツーがポイント！」、サービスは「トスが七〇％！」。

また、私のコーチは、あまりスタイルを押しつけずに、選択肢を用意してくれる。どれをどう使いたいかを私に質問する。

事実（ファクト）、全体像、選択肢を組み合わせ、それらをうまく私のレベルに合わせてちょっとだけレベルが上がる程度の質問として構成してくれるインストラクターやテニスコーチは、私にとってはとても納得感を感じられるし、何よりもレッスンを時間が許す限り受け続けたいと思う気持ちにしてくれる。モチベーションを引き出してくれる質問力があるインストラクター、コーチは、私の味方だし、支援者だと心から感じとれる。

事実（ファクト）・全体像・選択肢をうまく使いこなす

事実（ファクト）＋全体像＋選択肢

＝

!
上記をふまえた上で、
ちょっとだけレベルが
上がる質問

- 納得感を感じる質問が、相手との距離を縮める！
- 事実をうまく使いこなすことがポイント！

事実（ファクト）・全体像・選択肢を組み合わせて構成された質問は、相手の納得感を増すことができる。

6 相手に積極的に自己開示させる力を持つべし

あれもできない、これもできない、でも満足してもらう

鋭い質問は、相手を感動させ、思わず口を開かせる。反対に相手をイヤな気持ちにさせるのが、個人情報を探ってくる質問である。「ご主人の年収はいくらですか？」「あなたのご家庭の家族構成は？」「将来の生活設計は？」――いきなり自宅にやってきた営業マンからこんな質問を浴びせられたら、誰だって口を閉ざしてしまうだろう。

しかし、高額商品を個人向けに販売する営業マンにとって、顧客の年収や家族構成を把握するのは必須である。信頼関係を得たうえで、積極的に自己開示をしてもらい、一緒に購入の可能性を検討していく状況にまで持っていくのが、この手の営業マンの腕の見せどころとなる。大事な個人情報は「聞き出す」のではなく、「つい顧客が口走ってしまいたくなる」状態を作ることが大切だ。

たとえば、ハウスメーカーの営業マンは、顧客がマイホームに対して抱いているたくさんの夢の中から、本当に大切なものはなにかに気づいてもらい、選びとってもらわなくてはいけない。

営業マン自身が、自分の担当している顧客がどんな家族で、これからのライフプランをどのように考えているかを、「質問」によって知りつくさなくてはならないのだ。

こうした質問は、顧客のプライベートな部分にかなり踏み込んだものとなるために、お互いの信頼関係ができていないと、顧客を確実に不愉快な思いにさせてしまう。

この信頼関係を作っていくための手段としても、質問は有効である。話すことよりも聴くことの方に力を注ぐ。そしてうなずきと適切な短い質問を繰り返す。必要なときに、「できないことはできない！」とあきらめてもらうことも大切な仕事だ。

そんな営業マンの姿勢を見て顧客は、「この人は私の話をきちんと聞いてくれる」「この人だったら自分の話をしても大丈夫だろう」という安心感を持ち、積極的に自己を開示するようになるのだ。

互いに共感し、納得してこそうまくいく

質問によって信頼関係を築いたら、今度は「家を建てるときに、自分たちにとって本当に大切な絶対に譲れない部分はどこか」「自分たちは家族としてどんな生活を送りたいのか。どのような家庭にしたいのか」といったことを、やはり質問によって探り出していく。

彼らに必要なのは、「共感し、納得し、少しずつ顧客と一緒のステージに上がっていき、ちらほらとバランスよく、さまざまな情報を引き出す質問ができること。さらに小さなサプライズを含んだ質問によって顧客の潜在意識に働きかけ、顧客に新たな気づきをもたらす創造性のある質問ができる」ことだ。

個人情報は聞き出すのではなく、相手から自己開示させる

営業マンにとって、顧客の **年　収** と **家族構成** の把握は必須。

そうなのですね
では、～は？

個人情報は相手のプライベートな部分なので、聞き出すのではなく、相手と信頼関係を築いたうえで、つい話してしまいたくなる状態を作り出す。

ご主人の年収
はいくら？
あなたのご家庭の
家族構成は？

急に訪ねてきた営業マンに個人情報を探られるような質問をされれば、相手は警戒し、不快な気持ちになる。

「自然な流れ」が大切！

この人なら話しても
大丈夫だろう
顧　客
顧客に新たな気づきをもたらす創造性のある質問をすることも重要
そういうことも
できるんですね！
顧　客

共感し、納得し、少しずつ顧客と一緒のステージに上がっていき、バランスよくさまざまな情報を引き出す質問ができることが重要となる。

7 世間話はムダではない

「権限を持っているのは誰か」を探る

ハウスメーカーの営業マンが顧客と住宅購入に向けた話を進めていくときに、必ず把握しておかなくてはならないことがある。

それは、その家庭の「意思決定メカニズム」についてだ。

最後にOKを出すのは旦那さんなのか、奥さんなのか。旦那さんだとしても、主導権のほとんどは奥さんが握っていて、奥さんの要望にわりと軽くOKを出すタイプか、それとも細かく口を挟んでくるタイプか。

二世帯住宅の場合は、若夫婦ではなくて親夫婦の方が意思決定のキーマンになっている可能性がある。

特に親夫婦の旦那さんが、現役時代に役員を務めたような優秀なビジネスパーソンで、指示命令大好きタイプの場合は、最後の最後で彼のひと言でプランががらりと変わってしまうことだってあり得る。

こうしたことをちゃんとつかんでおかないと、スムーズに商談を進めるのは難しくなる。

しかし営業マンは家族に対して、「この家庭で一番発言力を持っているのは誰ですか」とか「誰が決定権を握っているんですか」とダイレクトに聞くわけにはいかない。

そこで何気ない世間話の中から、家族の集団力学を探っていく必要が出てくる。

たとえば「外食はいつもどこに行くんですか」という世間話的な質問を営業マンから投げかけたとする。

「うちは毎月、家族みんなでお鮨屋さんに行っているんですよ。おじいちゃんが昔からひいきにしているお鮨屋さんがありましてね」という返事が返ってくれば、この家庭では親夫婦の旦那さんがかなり強い権限を持っていると推察できる。

一方で、「ファミレスが多いかな。うちの子はまだ小さいから、ハンバーグとかああいうのが大好きなんですよ。その日は、おじいちゃんとおばあちゃんは家でお留守番ね」ということであれば、この家族の主導権は若夫婦が握っていると考えられる。

世間話に大切なことが潜んでいる

もちろん外食の話題だけで、家族の力関係のすべてがわかるわけではない。営業マンはほかにもたくさんの世間話的な質問の中から、家族の意思決定メカニズムをつかんでいくわけだ。

単に質問の答えを聞くだけではない。質問に答えるときの表情や口調、間、しぐさなどから、家族の関係性や親密度などについても推しはかる必要がある。

優秀な営業マンは積極的に自己開示させる質問力だけでなく、雑談や何気ない世間話的な話から情報を得る能力もあわせ持っているのである。

意思決定のメカニズムを知る

妻
息子
母
父

最後にOKを出すのは誰なのか **意思決定のキーマン** を探る必要がある。

家族の集団力学を探るのは世間話から

外食はいつもどこに
行くんですか？

何気ない世間話の中から、答えるときの表情や口調、間、しぐさなどから家族の関係性や親密度などを探っていく。

誰が決定権を持って
いるんですか？

ダイレクトに質問するのは相手に不信感や不快感を与えてしまう。

積極的に自己開示させる質問力だけでなく、何気ない世間話的な話から情報を得る能力も必要である。

8 物語を聴く力を持つべし

「相手が何を言いたいのか」を読み取る

まずは次の文章を読んでほしい。

A　王様が亡くなりました。そしてそのあとすぐに、お后《きさき》様も亡くなりました。

B　王様が亡くなりました。そして悲しみのあまり、お后様も亡くなりました。

AもBも語っている出来事そのものは同じである。文字数も同じだ。

Aからは単に王様の死去後にお后も死去したという事実が伝わってくるだけである。一方、Bからは、王様の死後にお后が置かれた状況がよくわかる。「きっとお后様は、王様を亡くしてからは食事も喉を通らず、お城から一歩も出ないまま、嘆き悲しみながら息を引き取っていかれたのだろうな」という物語が見えてくる（例文は、斎藤清二、岸本寛史『ナラティブ・ベイスト・メディスンの実践』〈金剛出版〉から抜粋引用）。

人は物事を述べるときに、Aのように話す人もいれば、Bのように話す人もいる。

これは聞き手も同じ。相手がBのような話し方をしたときでも、事実レベル（つまりAのような形）でしか受け止められない人もいれば、その言葉に内包された豊かな物語を実感を伴った形で受け止められる人もいる。

この「相手の言葉をどのレベルで受け止められているか」ということは、質問力やコミュニケーション力の差となって如実に表れる。相手がBのような話し方をしているのに、「悲しみのあまり」という表現がすっぽりと抜け落ちた形でしか相手の言葉を理解できていなかったとすれば、その後にこちらが相手に発する質問も、共感性に欠けた薄っぺらなものとなってしまうだろう。

相手が語る物語に耳を傾ける力は、正確には「質問力」に該当するスキルではないのかもしれない。「質問をする力」よりは、「相手のメッセージを読み取る力」に当たるからだ。

しかし相手のメッセージを読み取れなければ、適切な質問を投げ返すことはできない。質問力を磨くうえで、その前提として身につけておきたいスキルといえる。

「ため息」「微笑み」に何かを感じる

会話の中で、相手が、喜びや悲しみ、戸惑いや不安、迷いなどについての言葉をふっと漏らす。あるいは会話の端々にため息や間があったり、微笑みや困惑の表情をふと見せる。そうしたかすかなつぶやきやしぐさ、表情を見逃さず、受け止められるコミュニケーション力は身につけておきたいものである。

前述したハウスメーカーのトップ営業マンは、顧客の言葉や表情から豊かな意味を受け取ることができる人だと思う。だからこそ顧客から「この人だったら家作りを任せても大丈夫」という信頼を得ることができ、トップセールスを維持し続けられるのだ。

メッセージを読み取る力をつけよう！

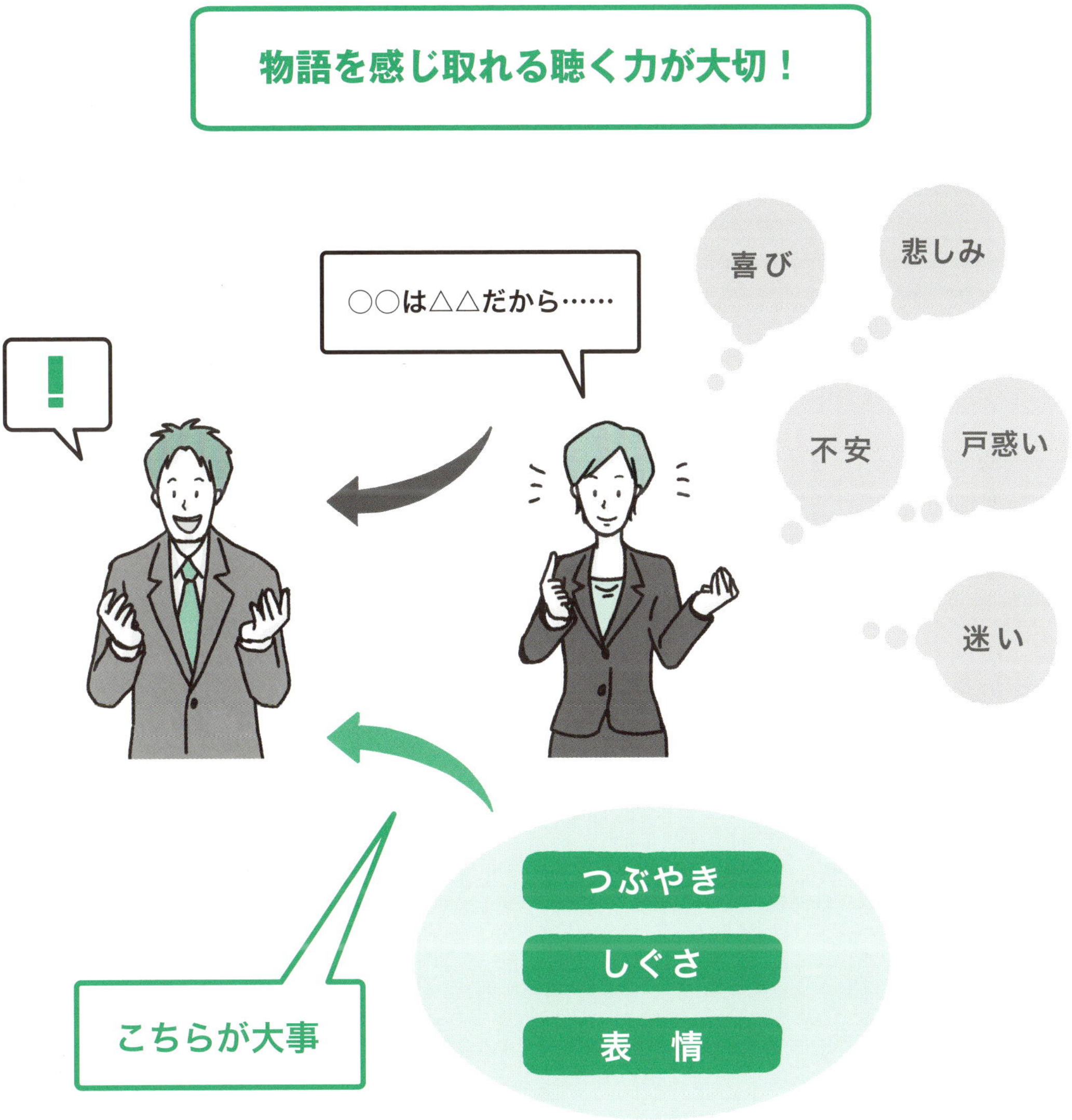
物語を感じ取れる聴く力が大切！
!
○○は△△だから……
喜び
悲しみ
不安
戸惑い
迷い
つぶやき
しぐさ
表　情
こちらが大事

質問力やコミュニケーション力を高めるためには、相手の発言にどんなメッセージや思いが込められているかを、会話中のちょっとしたつぶやきやしぐさ、表情から読み取れるようになることが必要。

9 質問力のある医者、質問力のない医者

相手を知ろうとする姿勢があるかどうか

ある病気で二週間の入院をともなう手術を受けたときのこと。手術前に青白い顔をしている私に、ある看護師が話しかけてくれた。

「先生はうまいから、安心してください。これから麻酔を打ちますが、これは点滴の針よりもかなり細いものです。腰椎麻酔を打ったことはないでしょうけど、大丈夫ですよ」

看護師の励ましは、まるで私の心の状態をすべて見通しているかのようだった。手術を受けるのは、患者にとってものすごい不安感がある。そんなときに信頼できる医師や看護師からかけられる温かいひと言は、言葉にできないぐらいにありがたい。

一方、私は事故でケガをしたとき、全く逆の体験もしている。レントゲン撮影をする前から「左手の腱が傷つき、切れている可能性があります。手術が必要ですね。すぐに入院する必要があります」と医師から言われたのだ。私への質問は、ゼロであった。

患者といえども生活・仕事を抱えている。急に入院と言われても、仕事があるだろうし、専業主婦にだって小さな子どもがいたり、介護をしている親がいたりする。

医師は、そんな患者に対して「なにか不安はないか?」と質問してもらいたいし、なにより患者を知ろうという医師の姿勢を見せてほしいと思っているのだ。

相手の心理状態まで耳を傾ける

ある行列のできるクリニックがある。診察時間は三時間待って五分間。それでも患者は、嫌気がさしてほかの病院に移る気配はないという。なぜそれだけ人気があるのか。

この医師の場合、患者が診察室に入ってくる時点で、顔色や姿勢、歩き方などを診て、どれぐらい具合が悪いかを推察する。

カルテには、過去に患者から聞いた本人の病気以外の話（父親の血圧が高くて心配していることなど）も書き込み、「あれからお父さんの調子はどうですか」といったひと言を患者に投げかける。こうした質問から、病気の後ろにある背景を知ろうとしているのだ。

だからこの医師は、患者の疾患だけではなく、心身の状態までを的確につかんだうえで治療方針が出せる。一方、患者は、この医師に対する信頼感が高まる。そのため、このクリニックには行列が絶えないのだ。

医師がカルテを書くように、ビジネスパーソンも商談や打ち合わせでの決定事項、検討事項をノートにメモすることは多い。しかし相手の語りの細部にまで耳を傾け、メモしている人はほとんどいないだろう。

相手が、どこか気になるしぐさや表情、あるいは私生活が垣間見える発言をしたときに、それを書き留めておくことは、質問力を高めるうえでけっしてムダなことではない。

相手の背景にまで目を向ける

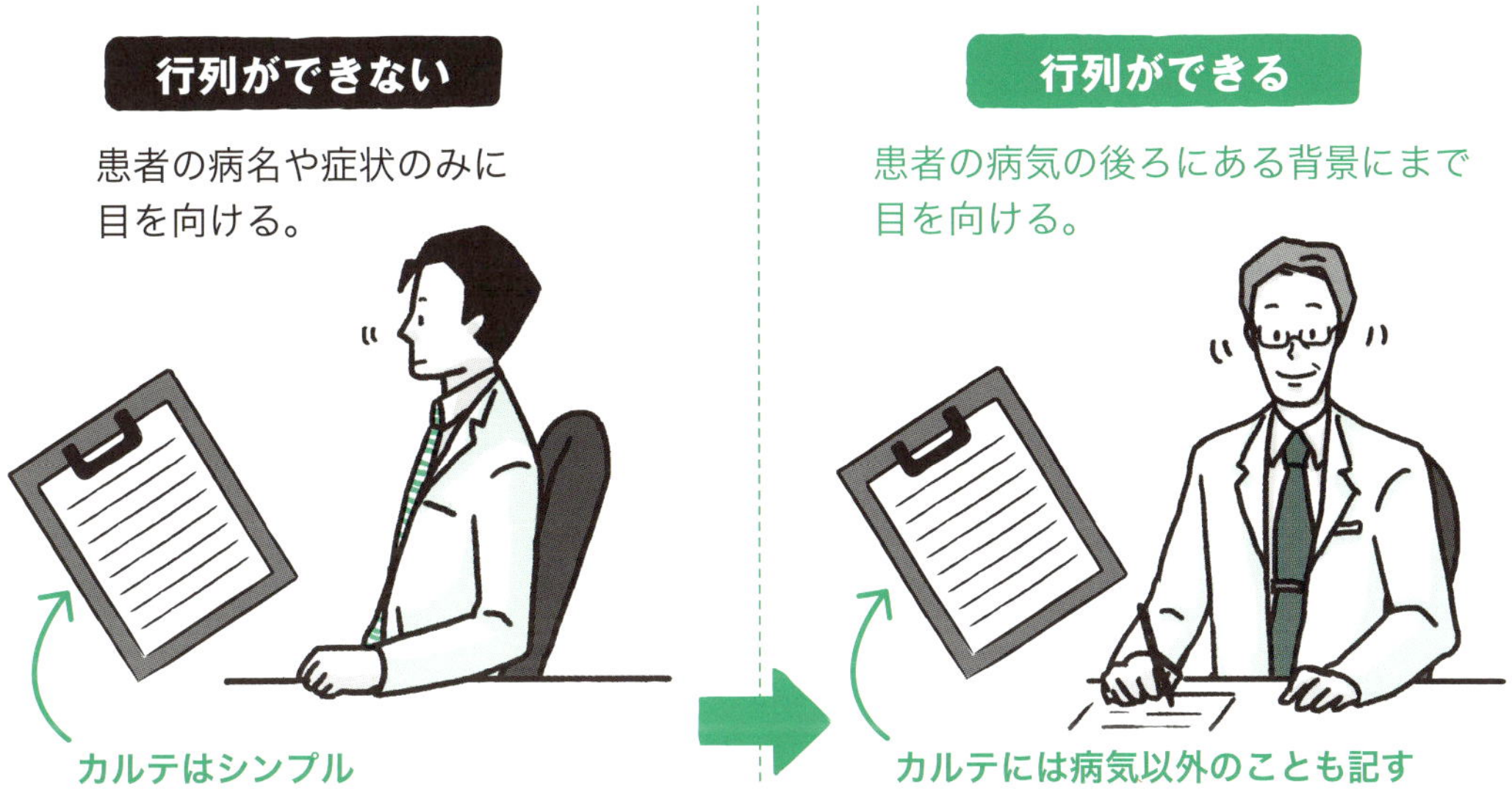
行列ができない
患者の病名や症状のみに目を向ける。
カルテはシンプル
行列ができる
患者の病気の後ろにある背景にまで目を向ける。
カルテには病気以外のことも記す

- 医師は、患者の疾患だけではなく、心身の状態まで的確につかんだうえで治療方針が出せる。
- 患者は、医師に対する信頼感が高まる。

相手の背景を感じられるメモをしておくと深い関係が作れる！

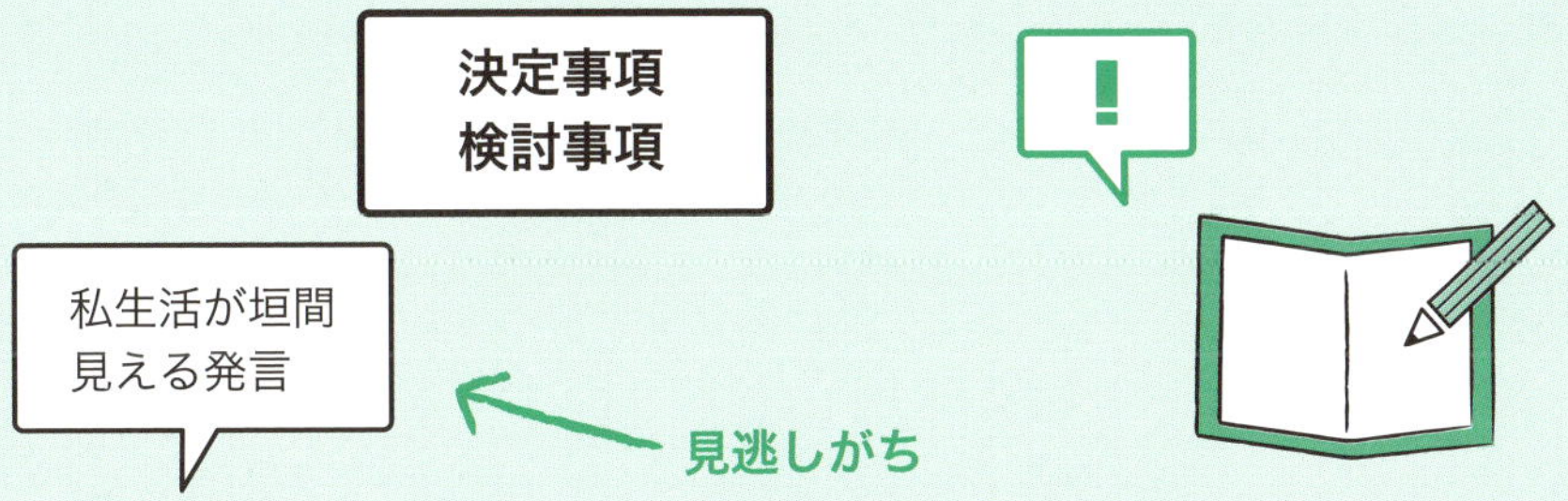
決定事項
検討事項
私生活が垣間見える発言
見逃しがち
!

商談や打ち合わせでの決定事項、検討事項のみをメモするのではなく、相手の気になるしぐさや表情など、語りの細部にまで耳を傾けてメモをとることで、質問力を高めていくことができる。

10

優れたソムリエは空気を読み、空気を消す

お客様から水がほしいと言われたら負け

人と会ったり、会議に出席しているときに、「今日はこの人、生き生きしているな」「今日の会議の雰囲気はどんよりしている」といったことを直感的に感じるときがある。

質問力がある人は、こうした場の空気を読む力についても長けている。

「なんだかピリピリしているみたいだから、まずは相手をなごませる質問からしてみよう」「今日は機嫌がいいみたいだから、ちょっとぐらい突っ込んだ質問をしても大丈夫だろう」というふうに、相手が発しているオーラや場の空気によって、質問の内容や仕方を当意即妙に調整できるからだ。

ザ・リッツ・カールトンホテルやザ・ウィンザーホテル洞爺湖といった高級ホテルのホテルマンになるともっとすごい。彼らは「ホテルマンたるもの、お客様から道を聞かれたら負け」「お客様から水がほしいと言われたら負け」という厳しい世界を生きている。

客の細かな目の動き、息の仕方、表情のちょっとした変化、くちびるの動き、話すスピード……。これらを微妙に感じとる感性をいつもフルに働かせている。

そして「水をください」と客から言われる前に、こちらから「お客様、冷たいお水はいかがでしょうか」と空気を読んだ質問ができる。これこそ究極の質問力と言えるだろう。

ある著名なソムリエに、禅僧の歩き方を勉強した人がいる。

お客さんがテーブルに座ると、独特の空気感が生まれる。つき合い始めたばかりの若いカップルが座っているテーブルと、共に長い年月を経た夫婦が座っているテーブルとでは、違う空気感が存在する。

そうしたテーブルの空気感を乱したくないと考えたそのソムリエは、お堂にあるロウソクの炎を揺らさないで歩ける禅僧がいることを知った。そして自分も修行を重ね、その歩き方を会得したというのだ。

確かに優れたソムリエは、自分の空気を消すのがうまい。だからお客さんは、ソムリエの存在を気にせずにワインを楽しむことができる。

シンプルな質問で、体調や心の状態を読む

その一方で、ソムリエは、「この二人はまだ出会ったばかりでぎこちないな」とか「かなり深いレベルの商談をしているな」「この男性は今夜女性にプロポーズするかもしれないな」というように、テーブルの空気を読むことも怠らない。

「今日はお仕事お忙しかったんですか」とか「今日は寒かったですね」といったさりげないシンプルな質問をお客さんに投げかけ、その返事からお客さんの体調や心の状態を読みとるのも得意だ。

場の空気を読む

自分の気配を消して、顧客の空気をより意味のあるものにする！

今日は機嫌がいいみたいだ！
ちょっと突っ込んだ質問をしても大丈夫そうだ！
今日はこの人、ピリピリしているな
なごませる質問からしていこう

質問力がある人は場の空気を読む力も長けている。

空気を読むことができれば、相手のオーラやその場の空気によって、質問の内容や仕方を当意即妙に調整することができる。

11 コンサルタントの質問力①「仮説力」

「考えさせる問い」をする

私はコンサルタントの質問力を、大きく三つの能力から成り立っていると考えている。
まず一つは、「仮説力」。質問力の基本の「き」だ。

コンサルタントは、質問をする前にあらかじめ仮説を立てているものだ。だからポイントを突いた深い質問ができる。「全体をどう捉え、部分をどう考えるか?」「因果関係をどう捉え、優先順位をどう付けるか?」などの大所高所、全体と細部など多くの軸を考えて、自分なりに整理しておける能力が仮説力だ。

仮説がなければ、漠然とした質問しかできない。漠然とした質問に対しては、人は漠然とした答えしか返さないものだ。

たとえば、業績が伸び悩んでいる営業支所に出向いて、営業マンに「いったいどうなっているんですか?」と尋ねたとしても、「はあ、まあ、すいません」とか「私もがんばっているんですけど、なかなか大変なんですよ」といった言い訳レベルの答えしか期待できないだろう。

一方、仮説に基づいた深い質問は、人に考えさせる力を持っている。

「みなさんの会社の主力商品は量販店ルートでの販売を強みとしているわけですが、なぜかこのエリアでは量販店での扱いが全国平均よりも二〇%少ないですよね。これはなぜだと思われますか?」

と聞かれれば、営業マンも「なかなか大変なんですよ」で済ませるわけにはいかなくなって、その理由を一生懸命考える。深い質問は、相手に深く考えることを促し、より深い答えが返ってくる比率を高めるのだ。

明確な言葉にはできていないが、なにかそこに問題があることを感じとっている相手であれば、深い質問がフックとなって、自己の潜在意識に問いかけ、気づきが生まれ、深い言葉で答えを紡ぎ出し始めるかもしれない。

ポイントを突いた質問が、深い結論を導く

このような問題解決のための基礎力として、ロジカルシンキングがもてはやされている。

ロジカルシンキングができる人の特徴を端的に表現すれば、「物事を論理的に整理し、わかりやすい結論を出せる力を持った人」と言えるだろう。しかしロジカルシンキングによってわかりやすい結論が出せるようになったとしても、そこに深さや鋭さが伴わなければ、「きれいに整理できましたね」というレベルで終わってしまう。

深い結論を出すためには、深いレベルで物事をとらえる必要がある。広さ・大きさ・高さ・深さ・自分らしさといった軸でわかりやすく整理し分析し、ポイントを突いた質問をすることで、深い結論が導き出される。そのためにはこの仮説力がカギを握るのだ。

質問力を構成する能力①　「仮説力」

仮説力とは……

「全体をどう捉え、部分をどう考えるか」「因果関係をどう捉え、優先順位をどう付けるか」などの大所高所、全体と細部など多くの軸を考えて、自分なりに整理しておける能力。

いったい、どうなってるんですか？
すいません…

仮説がなく、漠然とした質問しかできなければ、相手は漠然とした答えしか返さない。

みなさんの会社の主力商品は〜これはなぜだと思われますか？
それは〜…

仮説を立て、深い質問をすることにより、相手に深く考えることを促し、より深い答えが返ってくる比率を高める。

ロジカルシンキングを鍛える

ロジカルシンキングができる人の特徴

物事を論理的に整理し、わかりやすい結論を出せる力を持った人。

深い結論を出すためには、深いレベルで物事を捉える必要がある。広さ・大きさ・高さ・深さ・自分らしさといった軸でわかりやすく整理して分析し、ポイントを突いた質問をすることで、深い結論が導き出される。

12 コンサルタントの質問力②
「本質力」

カウンセラーは解決の糸口を探す

二つ目は「本質力」。簡単に言えば、「そう、そういうことなんだよ！」と言ってもらえる・思ってもらえるような質問をする能力だ。

質問の「質」とは、「本質を質《ただ》す！」という意味だと考えるべきだろう。本質力とは、場を「見える化」し、「論理的に整理」し、内容の「絞り込み」をし、最終的に「ワンメッセージ」に凝縮できる力をいう。

優れた心理カウンセラーや精神科医は、クライアント（来談者）の悩みの聞き手になるだけで、彼や彼女が抱えている心の問題を解決する力を持っている（もちろん薬物療法が必要な場合もあるだろうが……）。共感を伴った短い質問を繰り返すことで、相手の自浄作用がうまく機能するように促し、クライアント自身が失調状態に陥った本質的な原因を自分で発見し、解決の糸口を見つけ出していくように仕向けるのだ。

優れた上司と話すと、なぜ頭が整理されるのか

優れたコンサルタントや上司も、優秀な心理カウンセラーや精神科医と同じような力を持っている。

「あの人と話していると、もやもやとした自分の頭の中が整理され、自分の意見が明確になっていくのがわかる」という上司が、あなたの周りにもいるのではないだろうか。トンネルの出口がパッと開いて勇気がわいてくるような、曇りのない鏡のような上司。きっとその上司は、本質力に満ちた高い質問力を持っているに違いない。

質問の効用がわかっている上司は、相談を持ちかけられたときでも、けっして自分の方から答えを教えようとはしない。

「君自身はどう考えているの？」
「なぜそうしたいと考えているの？」
「ほかの可能性については考えてみた？」
「今話したことを三つのポイントに絞って整理してみてくれるかな？」
「つまりどういうことだと思う？」
「ひと言で言ったらどうなるかな？」

このような質問には、問題の本質を自分自身で発見させる機能があると考えていい。質問を重ねることで、頭の中にうごめいているさまざまな課題の中から、本質的な課題はなにかを探り当てていくのだ。トヨタでいうところの「なぜを五回繰り返せ！」は、本当の原因＝真因を探求するプロセスをわかりやすく表現した口グセだ。本質力のツールと見てよい。

本質力とは真因探求力であり、解決策の基本・基盤作りのための能力である。「ワンメッセージ力」と簡単に言ってもよい。「つまり……」「要するに……」「ひと言で言えば……」の「……」の部分に納得感を持たせる能力を言う。

質問力を構成する能力②　「本質力」

本質力とは……

場を **見える化** し、**論理的に整理** し、内容の **絞り込み** をし、最終的に **ワンメッセージ** に凝縮できる力のこと。

「質問力」を持っている人の質問

- 君自身はどう考えているの？
- なぜそうしたいと考えているの？
- ほかの可能性については考えてみた？
- 今話したことを３つのポイントに絞って整理してみてくれるかな？
- つまりどういうことだと思う？
- ひと言で言ったらどうなるかな？

このような質問には、問題の本質を自分自身で発見させる機能がある。

本質力とは真因探求力であり、解決策の基本・基盤作りのための能力である。

13

コンサルタントの質問力③「シナリオ力」

相手を動かすことが大切

そして三つ目が、「シナリオ力」。

シナリオ力とは、質問プロセスのシナリオをデザインできる能力である。大きな流れを読みながら、その質問プロセスのゴールに向けて、適切な質問を相手に投げかけることができる能力だ。

頭の中のフレーム（枠組み）にブレがなく、相手からの返事を整理して理解することができ、会話が脱線したときには、適切に軌道修正ができる能力でもある。

そもそも、コンサルタントの質問の最終目標は、相手の行動を促すことである。

質問を通じて問題の本質と解決策に気づいた相手が、質問プロセスが終わったときには新たな目標に向かって意欲的に取り組める状態になっているかどうかは、コンサルタントや上司の質問のシナリオ力がカギを握っている。

映画・ドラマ・ミュージカル・演劇・オペラなどの作品の動員の大小には、プロデューサーや監督の力量が大きく影響を与える。そして作品の質自体に関しては、配役、そして脚本家の力量が重要になる。

同じ原作でも、脚本の良し悪し、そしてその脚本と役者のマッチングによって、作品の質も大きく変化する。

シナリオ力とは、作品の質を決定づける脚本力だ。配役の個性をどううまく引き出し、どううまく言葉やしぐさとして表現させるか？　これが、シナリオ力だ。

しっかりとした仮説を立て、本質を突いた質問をしたとしても、どういう流れでその質問を組み立て、相手の個性と能力とどうマッチングさせるかで、結果は違ってくる。

どんな言葉で、どういうタイミングで、どう質問するか？

これがシナリオ力のポイントだ。シナリオ力があると、相手の気づきもアップする。シナリオ力は、相手の納得度をさらに向上させる能力と言える。「全体像」を理解し、「その場」をポジショニングし、質問の「組み合わせ」を最適化し、「優れた表現力」で、「相手に行動を起こさせる」能力である。

納得度を上げれば、人も仕事も動き出す

次章以降は、コンサルタントの質問力に大きな役割を果たす3つの力、すなわち、仮説力（第2章）、本質力（第3章）、シナリオ力（第4章）について、さらにくわしく踏み込んで解説していく。

まず、質問の基本である「仮説」を立て、「要するに……ですね」とひと言で本質を突き、会話のシナリオを描く。

その結果、あなたの「質問」は周囲の共感を呼び、そしてそれが相手を動かすことにつながるのだ。

質問力を構成する能力③　「シナリオ力」

シナリオ力とは……

- 質問プロセスのシナリオをデザインできる能力。
- 大きな流れを読みながら、その質問プロセスのゴールに向けて、適切な質問を相手に投げかけることができる能力。
- 頭の中のフレーム（枠組み）にブレがなく、相手からの返事を整理して理解することができ、会話が脱線したときには、適切に軌道修正ができる能力。

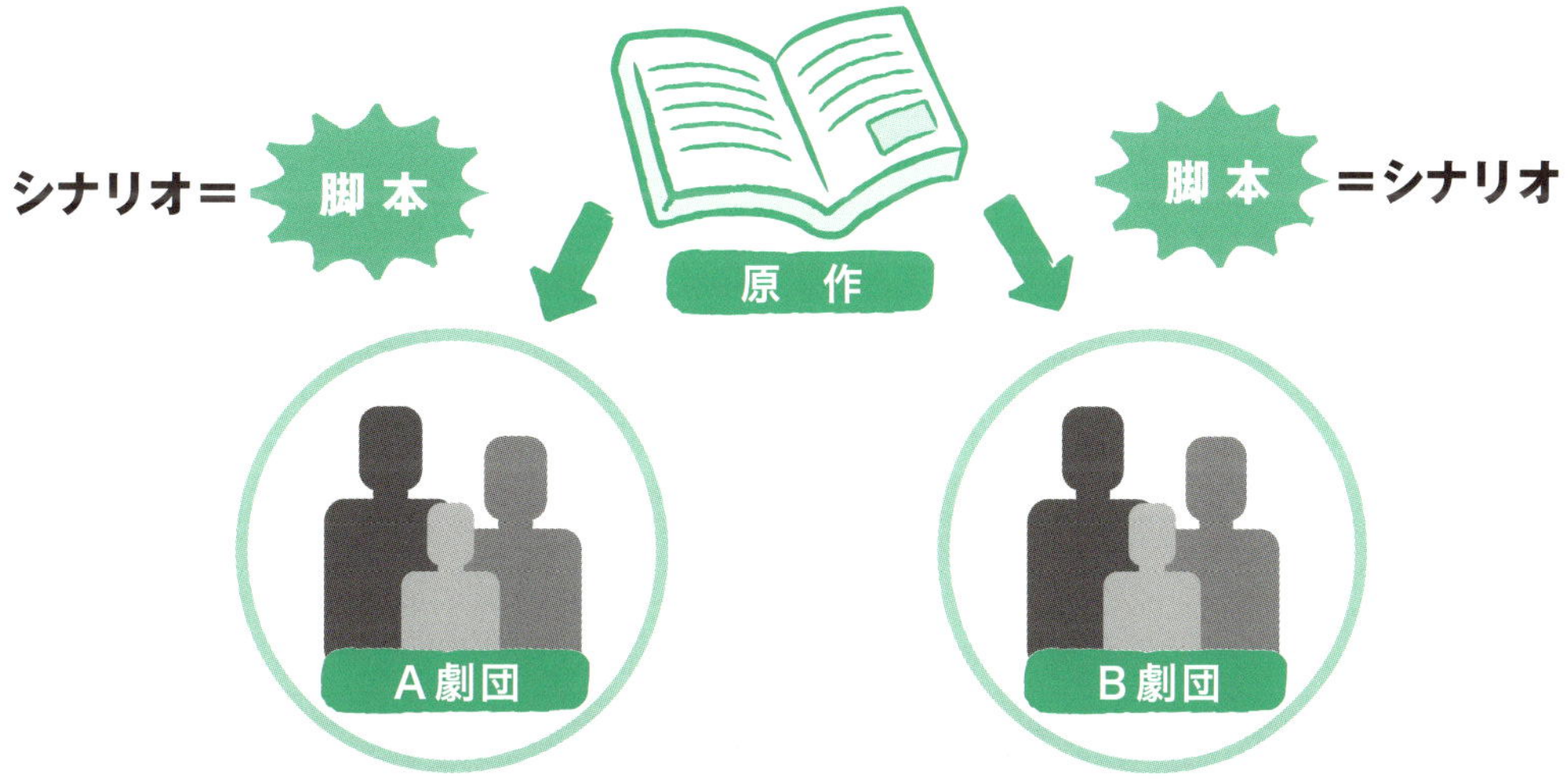

同じ原作であっても、脚本の良し悪し、そしてその脚本と役者のマッチングにより作品の質は大きく変化する。配役の個性をどう引き出し、どう言葉やしぐさとして表現させるかが、シナリオ力である。

シナリオ力のポイント

どんな言葉で？　どういうタイミングで？
流れは？　どう質問するか？　全体は？　部分は？

シナリオ力は、「全体像」を理解し、「その場」をポジショニングし、質問の「組み合わせ」を最適化し、「優れた表現力」で「相手に行動を起こさせる」ことのできる能力である。

「質問力」を鍛える 8つのポイント

1

「質問力」とは、**ニーズ**を**把握**し、**シーズを駆使**して、**ウォンツに昇華**させる能力。

2

鋭い質問や**深い質問**は、ちょっとした**感動**を相手にもたらす。

3

事実、**全体像**、**選択肢**を**組み合わせ**て、ちょっとだけレベルの上がる程度の質問を構成する。

4

大事な**個人情報**を「聞き出す」のではなく、**「相手が話したくなる」状況**を作る。

5

雑談や何気ない**世間話**から**情報を得る**。

6

適切な質問を投げ返すには、**相手のメッセージ（物語）**を**読み取る力**が必要。

7

相手の気になる**しぐさ**や**表情**、**私生活**が**垣間見える発言**を書き留めておく。

8

質問力がある人は、**場の空気**を**読み取る力**に長けている。

第2章

「仮説力」

がなければ話は始まらない

14 すべての仕事は仮説構築から始まる

仮説のない仕事は行きあたりばったり

仮説を立てるということは、質問力の基本であり、大前提でもある。仮説のない質問は行きあたりばったりのものになり、相手の心に響くものにはなり得ない。

これは質問のみならず、仕事全般についても言える。仮説のない仕事は行きあたりばったりとなり、まとまりがなくなる。コンサルタントの仕事において、この仮説力は非常に重要な能力だ。

コンサルタントの仕事のプロセスをものすごく簡単に説明すると、以下のようになる。

まずクライアントから依頼されたプロジェクトの目的を確認し、コンサルティング・メンバー内での共有化を図る。次に情報を収集して、整理分析する。そして課題の体系化を図り、目標を設定する。そのうえで基本コンセプトや基本戦略を立て、アクションプランを作成。そして実行に移してもらう。

この一連の作業は、仮説を立てたうえでおこなうことがなによりも大切。「問題の本質はここにあるんじゃないか」という仮の答えを持ったうえでプロジェクトに臨むのである。

もしコンサルタントが、仮説を立てることなしに仕事に取り組んだら、まず膨大な情報収集をおこなわなくてはいけない。関係者にインタビューするときは、考えられる対象者を全部網羅。質問項目についても、思いつくものを全部聞き出す必要が生じる。

そしてようやく収集した膨大な情報を整理して、それを分析して……とやり始めた段階ぐらいで時間切れとなり、あとはやっつけで仕事を終わらせざるを得ないということになってしまう。深さが出ないことになる。

未来軸の仮説を立て検証していく

コンサルタントの仕事に限らず、今はスピードが求められる時代。業績を上げている企業の多くは仮説検証型の経営を導入している。伊勢丹やセブン-イレブン・ジャパン、花王などは、その代表例である。

仮説には二種類ある。一つは過去の情報やデータを分析して、仮説を立てる。いわば過去や歴史から学びとる「過去~現在軸の仮説」である。もう一つは現在から未来を展望する「現在~未来軸の仮説」である。仮説検証型経営では、過去~現在軸から未来軸の仮説を考え、検証していくことになる。

セブン-イレブン・ジャパンの店長やアルバイト店員は、売れた商品を発注するのではなく、売れると思われる商品を発注する。そして売れると思った商品が本当に売れたかどうか、自分たちが立てた仮説を検証する。その検証を活かしてまた次の仮説を立て、商品を発注。この繰り返しによって仮説の精度を上げていく。そうやって市場の変化を先取りし、かつ市場を創出しているのだ。

質問も仕事も仮説を立ててからおこなう

コンサルタントの仕事のプロセス

1. 依頼されたプロジェクトの目的を確認
2. メンバー内で共有化を図る
3. 情報を収集して、整理分析
4. 課題の体系化を図り、目標を設定
5. 基本コンセプトや基本戦略を立て、アクションプランを作成
6. 実行に移してもらう

問題の本質はここにあるんじゃないか

という仮説を持ったうえで、プロジェクトに臨むことが大切！

2種類の仮説で業績を上げる

過去～現在軸の仮説

過去の情報やデータを分析して、仮説を立てる。

現在～未来軸の仮説

現在から未来を展望して仮説を立てる。

例）コンビニの仮説検証型経営とは？

売れそうな商品を発注 ▶ 実際に売れたのか検証 ▶ 検証を活かして次の仮説を立てて商品を発注

過去～現在軸から未来軸の仮説を考え、検証していく。

15

事前リサーチで質問の質を高める

まずは、セカンダリーデータの収集を

仮説を立ててから仕事に取り組むためには、事前リサーチが不可欠となる。「情報収集をしたあとに仮説を立てていたら、時間がなくなってしまう」といっても、なんの情報もなくいきなり仮説を立てるのは、さすがに不可能だ。質問の際にも当然、事前の情報収集が重要となる。

情報には、プライマリーデータ（一次的情報）とセカンダリーデータ（二次的情報）がある。このうち事前リサーチのときには、セカンダリーデータの収集が中心となる。

セカンダリーデータとは、書籍や新聞記事、雑誌記事、学術論文、統計資料、ウェブサイトの各種情報など、一般に公開されている情報のこと。

一方プライマリーデータは、調査者がある課題を解決するために、自分で調査をおこない収集した生の情報のことである。

調査者がインタビューによって得る情報は、プライマリーデータとなる。プライマリーデータの場合は、調査目的の設定、調査設計、実査、データ回収が必要となるため、当然手間がかかる。

そのため事前リサーチのときには、まずはセカンダリーデータの収集を中心におこなうといい。

そして仮説を立て、目標を明確に設定したうえで、プライマリーデータの収集を始める。この手順を踏むことによって、焦点が絞られた質の高い情報を効率的に手に入れることが可能になるわけだ。

関連書籍を一日で三〇冊読む

私は新しいプロジェクトに関わるときには、セカンダリーデータとして関連書籍をいっぺんに三〇冊ぐらい買い込み、一日で一気に読むようにしている。またウェブで関連情報を検索する際は、三時間ぐらい集中して読み込んだりしている。

もちろん三〇冊の本を一日で読むといっても、すべての本について最初から終わりまで律儀に目を通すわけではない。本の目次とまえがき、最初の数ページを読み込めば、自分にとって役に立つか立たないかが見えてくる。まあ慣れないうちは難しいかもしれないが、そのうち目利きができるようになる。

そうやって参考になる本を数冊ピックアップ。その本についてはしっかりと読み込む。そして本やウェブで得た情報をベースにしながら、これから私が関わることになる業界、市場、企業についての仮説を立てるのだ。

このような事前リサーチによって仮説を立てておけば、当然、質問の質も高くなる。

質問力を磨きたいなら、仮説を立てるための事前リサーチは絶対におろそかにしてはいけないプロセスである。

事前リサーチはセカンダリーデータの収集を中心に

プライマリーデータ（一次的情報）

ある課題を解決するために、自らが調査をおこなって収集した情報。

セカンダリーデータ（二次的情報）

書籍や新聞記事、雑誌記事、学術論文、統計資料、ウェブサイトの情報など、一般に公開されている情報。

事前リサーチの場合は、まずセカンダリーデータの収集を中心におこなう。

事前リサーチをおろそかにしない

セカンダリーデータとして、関連書籍を1日で30冊読む。

3時間ほどは集中してウェブで関連情報を検索して読み込む。

しっかりとした事前リサーチをし、仮説を立てておけば、質問の質も高くなる。

16

ロジックツリーを使って、解決策を導く

ロジックツリーには二つの「型」がある

仮説を立てるときには、ロジックツリーが活用できる。ロジックツリーはコンサルタント業界以外でもすっかりおなじみになったので、もうみなさんご存知だとは思う。物事を論理的に分析するために、ツリー状の図を描きながら、木の幹から枝葉に分かれていくように論理を展開していくというものだ。

若手社員の退職率が高く困っている企業があったとしよう。木の幹の部分（トップボックスという）には、「若手社員の定着率を高めるにはどうすればいいのか」といった解決したい課題を置く。そして、①企業のビジョンの見直し、②上司の働き方の変革、③職場の空気の刷新、④人事システムの改善、といった課題のブレイクダウンをして、次に定着率向上の方法を列挙分類して枝の部分に書き込む。さらに下位の枝には、その方法を実現するための具体的方法を書き込んでいく。

このとき、同じレベルの枝に入れる課題や解決策は、分類レベルがそろっており、かつモレなくダブリなく書き込んでいることが条件となる。つまり「若手社員の定着率を高める方法」が大体網羅されており、しかも重複していないように書かなくてはいけないわけだ。これによって問題解決のための解決策を、網羅的に見渡すことができるようになるのである。そして網羅的に出てきた解決策の中から、もっとも最適な解決策を選び出す。

ちなみに今話したロジックツリーは、木の幹がどんどん枝葉に分かれていく「ブレイクダウン型」である。一方でロジックツリーには、たくさんの枝葉が一つの幹に収束していく「ボトムアップ型」がある。

たとえば「なぜ売上が伸び悩んでいるのか」をボトムアップ型のロジックツリーで考えるとすれば、売上が伸び悩んでいる現象として思いつくものを、まずは網羅的にピックアップする。そしてそれぞれの現象を共通項で結びながら、最終的に一つの結論にまとめるというわけである。

二つの型を組み合わせた蝶ネクタイチャート

ロジックツリーにはボトムアップ型とブレイクダウン型があるが、私はこの二つを組み合わせた「蝶ネクタイチャート」を活用している。

コンサルタントの仕事は、まずは仮説に沿って情報収集をおこなうことから始まる。そして集めた情報を整理分析しながら、課題解決のための目標を立てる。この作業をおこなうときに不可欠となるのが、ボトムアップ型のロジックツリーである。

目標を立てたら、今度は基本コンセプトや基本戦略を考え、アクションプランに落とし込んでいく。ここで必要になるのがブレイクダウン型のロジックツリーである。

ロジックツリー 「ブレイクダウン型」と「ボトムアップ型」

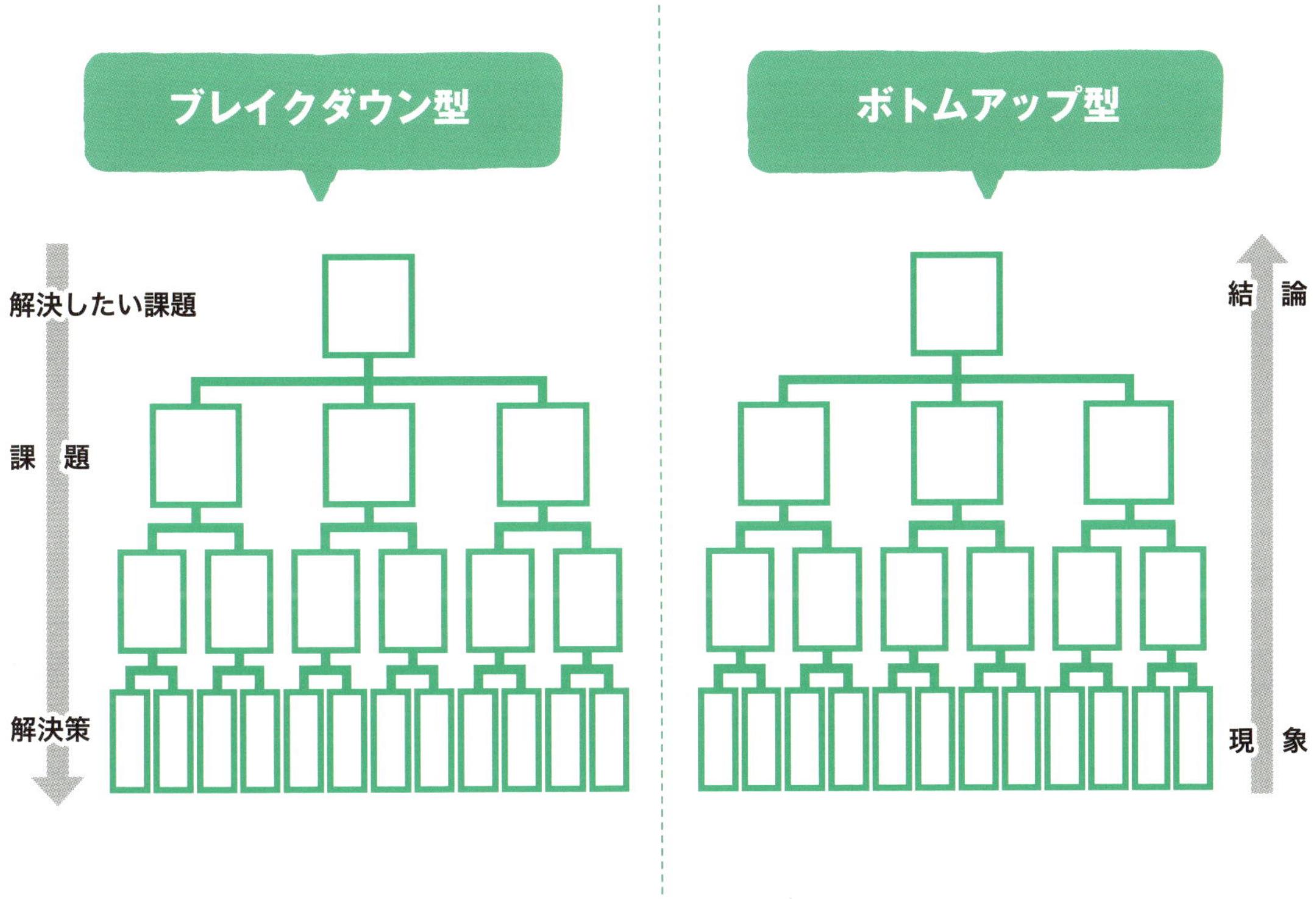

二つの型を組み合わせた「蝶ネクタイチャート」

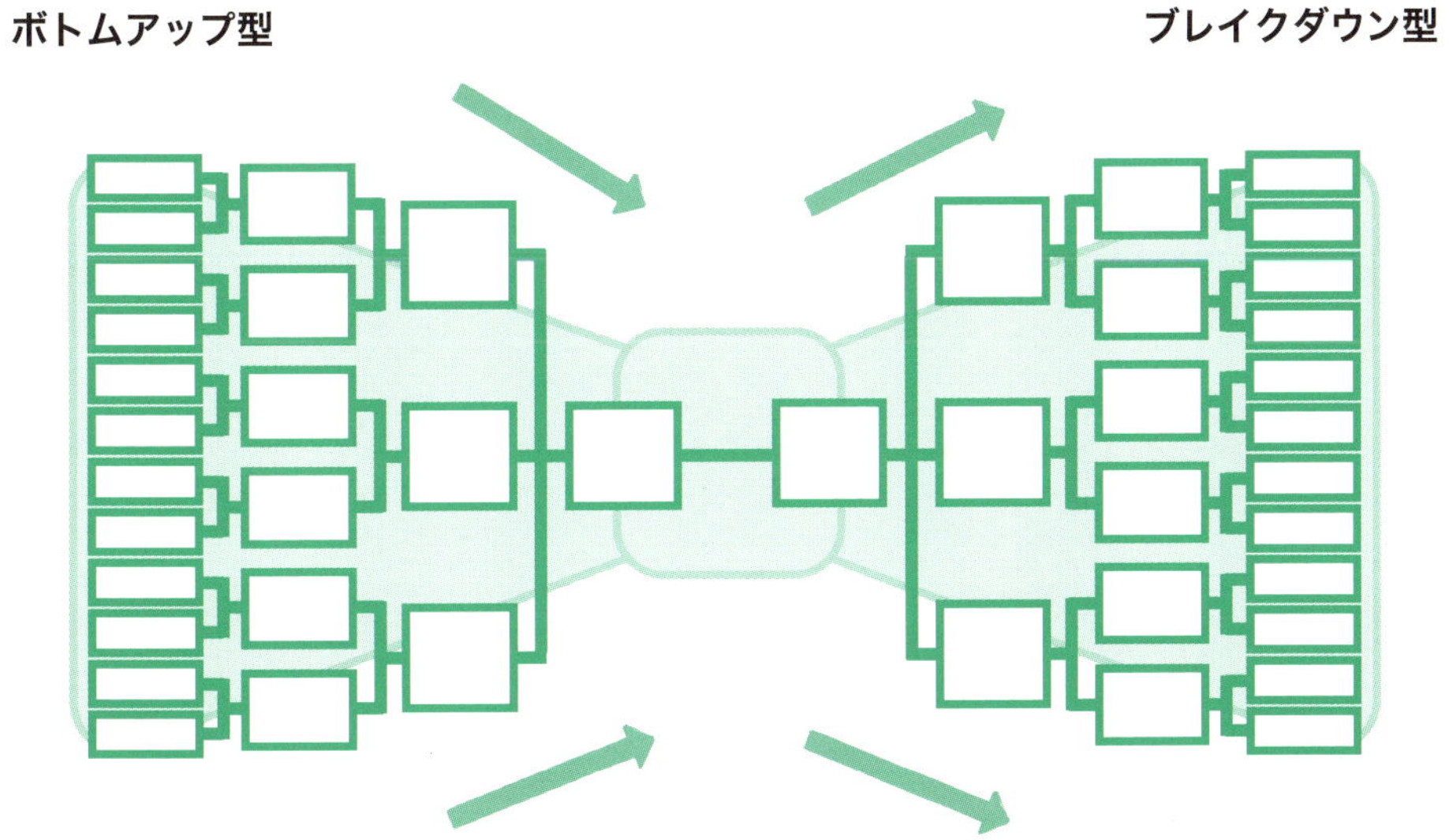

17 質問ツリーを作ってからインタビューに臨む

蝶ネクタイチャートで仮説を立て具体的な質問項目へ落とし込む

コンサルタントの仕事とは、バラバラだった課題を一つにまとめることで目標を明確にし、今度はその目標を実現するための展開を図る、収束して拡大させる作業だと言える。だから前項の蝶ネクタイチャートが使える。

蝶ネクタイチャートによって仮説を組み立てたら、その仮説を相手へのインタビュー等を通じて検証していく。

あるいは「若手社員の定着率を高める方法」として出てきたいくつもの解決策のうち、なにが最適な解決策かを現場の若手への数々の質問やアンケート調査等によって見つけ出していくのである。

コンサルタントがインタビューをするときには、まず今回のインタビューの目的を定める。そしてその目的に沿って、インタビュー相手から実際になにを聞き出すことができそうか、相手の興味関心の中心はどこにありそうかについての仮説を立てる。そのうえで具体的な質問項目に落とし込んでいく。

インタビューのテーマ、質問項目をつくるときにも蝶ネクタイチャートが活用できる。まずは「今回はこの相手からなにを聞きたいか」を洗い出す。そして洗い出した項目をボトムアップ型のロジックツリーによって共通項で結んでいるうちに「なにを聞くべきか」という考えにまとまり、ある一つの結論に収斂《しゅうれん》していく。それが今回のインタビューの主テーマであり、主目的となる。

「今回のインタビューのテーマは○○である」という仮説を立てたら、そのテーマを聞き出すための具体的な質問事項を考える。これはブレイクダウン型のロジックツリーを使っておこなう。ボトムアップ型ツリーで質問したい内容（テーマ群）を整理して主テーマを明確にし、ブレイクダウン型ツリーで質問設計をするのである。

これによって限られたインタビュー時間の中で焦点を絞った質問ができ、かつモレがなくなるわけだ。こうして「質問ツリー」ができあがる。

インタビューは生き物 予想外の展開もある

こうした準備を事前におこない、質問項目を箇条書きにしたうえでインタビューに臨むことが大切だ。ただしインタビューは生き物である。実際にインタビューが始まったら、相手は事前に立てた仮説とはまったく違う話を始めるかもしれないし、予想外の情報を持っているかもしれない。

そこで求められるのは、すぐにロジックツリーによって仮説を立て直し、質問ツリーを書き換えること。ただし紙に書き出している暇はない。この作業を頭の中でおこなう。しかも即座に。これは実践の場で訓練することによって、鍛えあげていく必要がある。

蝶ネクタイチャートで、具体的な質問項目を作成する

質問ツリーの作成

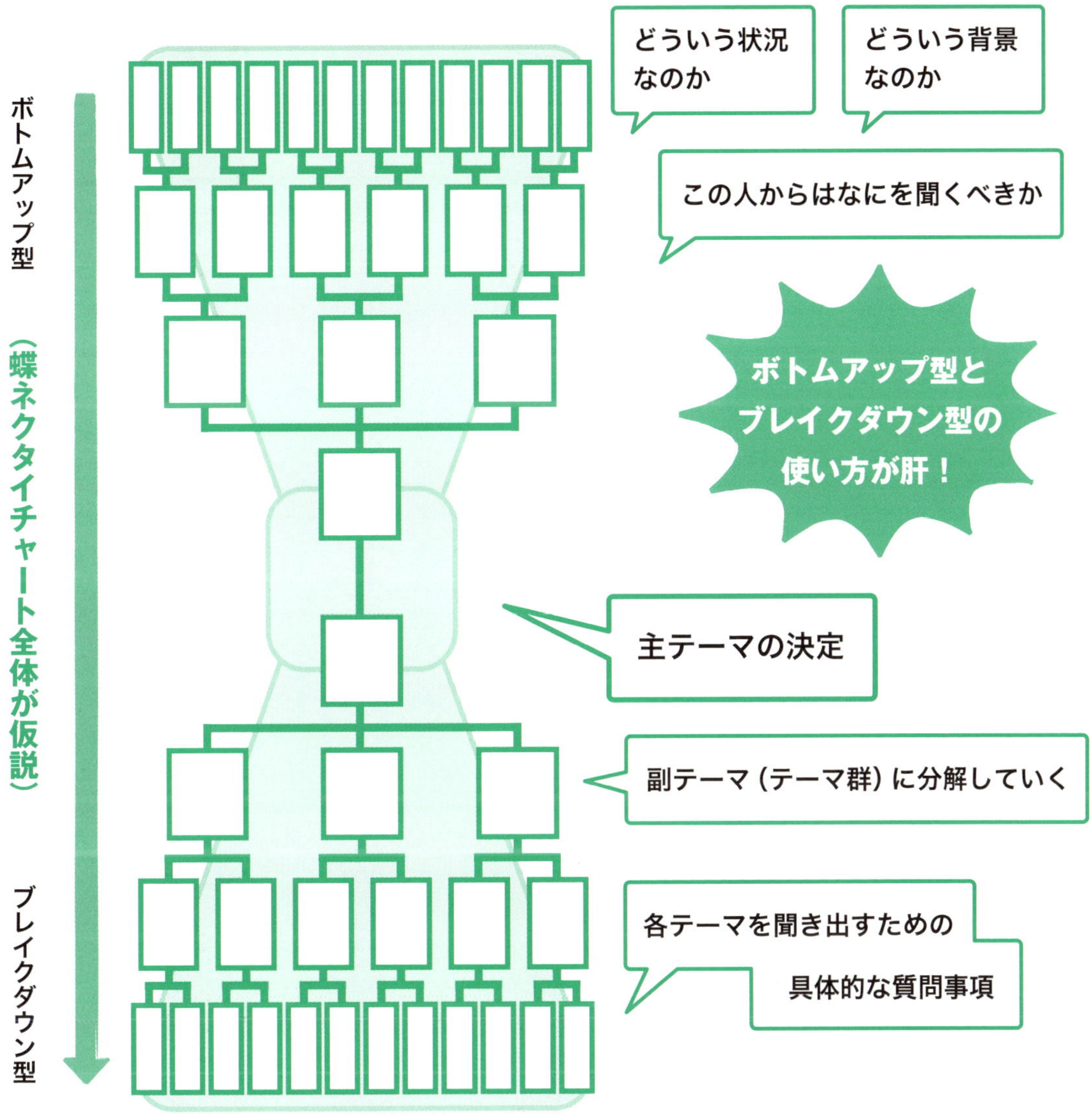
ボトムアップ型
（蝶ネクタイチャート全体が仮説）
ブレイクダウン型
どういう状況なのか
どういう背景なのか
この人からはなにを聞くべきか
ボトムアップ型とブレイクダウン型の使い方が肝！
主テーマの決定
副テーマ（テーマ群）に分解していく
各テーマを聞き出すための具体的な質問事項

仮説とは別の方向へ行ってしまった場合、頭の中のロジックツリーで仮説を立て直し、質問ツリーを書き換える必要があるので、実践で鍛えていこう！

18

場の空気を読み、状況に応じた質問をする

できる漫才コンビは修正力がある

人が集まると場が生まれ、場が生まれると空気ができる。おもしろいのは、同じメンバーが同じ場所に集まったとしても、いつも同じ空気ができるとは限らないことだ。

たとえば劇団の公演は、一回につき数日間から一カ月前後に及ぶ（劇団四季の「ＣＡＴＳ」のように無期限ロングランを続けている舞台もあるが……）。すると同じ役者が出てきて、同じ場面で同じセリフを喋っても、そこに生まれる空気は日によってそれぞれ違うものとなる。また舞台から醸し出される空気の影響を受けて、舞台を見ている観客の反応も日によって異なってくる。そうすると今度は、観客の反応に役者たちが影響を受けて、また舞台の空気が変化して……。

と、このように、まさに舞台は生き物。そのライブ感が演劇やミュージカル、オペラなどの醍醐味である。

やはり舞台に立つ漫才もこれと同じ。漫才のコンビは、観客に向かってネタを喋りながらも、心の中できっと、

A あれ!? 今日のおまえ、なんかおかしいぞ。リアクションが一拍遅れてる。

B どうも調子が悪いみたい。ノリがうまくつかめんわ。

A わかった。今日は俺が強めにツッコミを入れることでカバーする。そうすればお客さんは気がつかんだろう。

B すまん。助かる。

なんて無言のコミュニケーションを、いつもおこなっているはずである。できる漫才コンビは、場の空気を読み、場の空気に合わせた修正をするのがうまいものである。

空気をつかみ仮説を立てる状況認識力が重要

コンサルタントがおこなうインタビューやヒアリングも、演劇や漫才と同じくやり直しがきかない一回だけのライブである。私はこれまでさまざまな場でインタビューをおこなってきたが、会社によって空気はそれぞれ違う。あるいは同じ会社の同じ人物でも、テーマや日によって醸し出される空気感はまったく異なるものになるときがある。仮説を立て、質問ツリーによって質問項目を用意していたとしても、そのときの状況に合わせて、質問内容も変えていかねばならないのだ。

場の空気がいつもと違うとき、あるいは予想とは違っていたとき、大切なのはその空気をできる限り早くつかむことだ。「今日のこの空間の空気は○○だ」という仮説を立てる「状況認識力」が必要となる。

空気がつかめれば、その状況の中でどのように立ち振る舞い、どのような質問をすればいいのかの仮説も見えてくる。状況を自分なりにマネジメントすることができるようになるのである。

空気をつかむ「状況認識力」

同じメンバーで同じ場所であっても、同じ空気であるとは限らない！

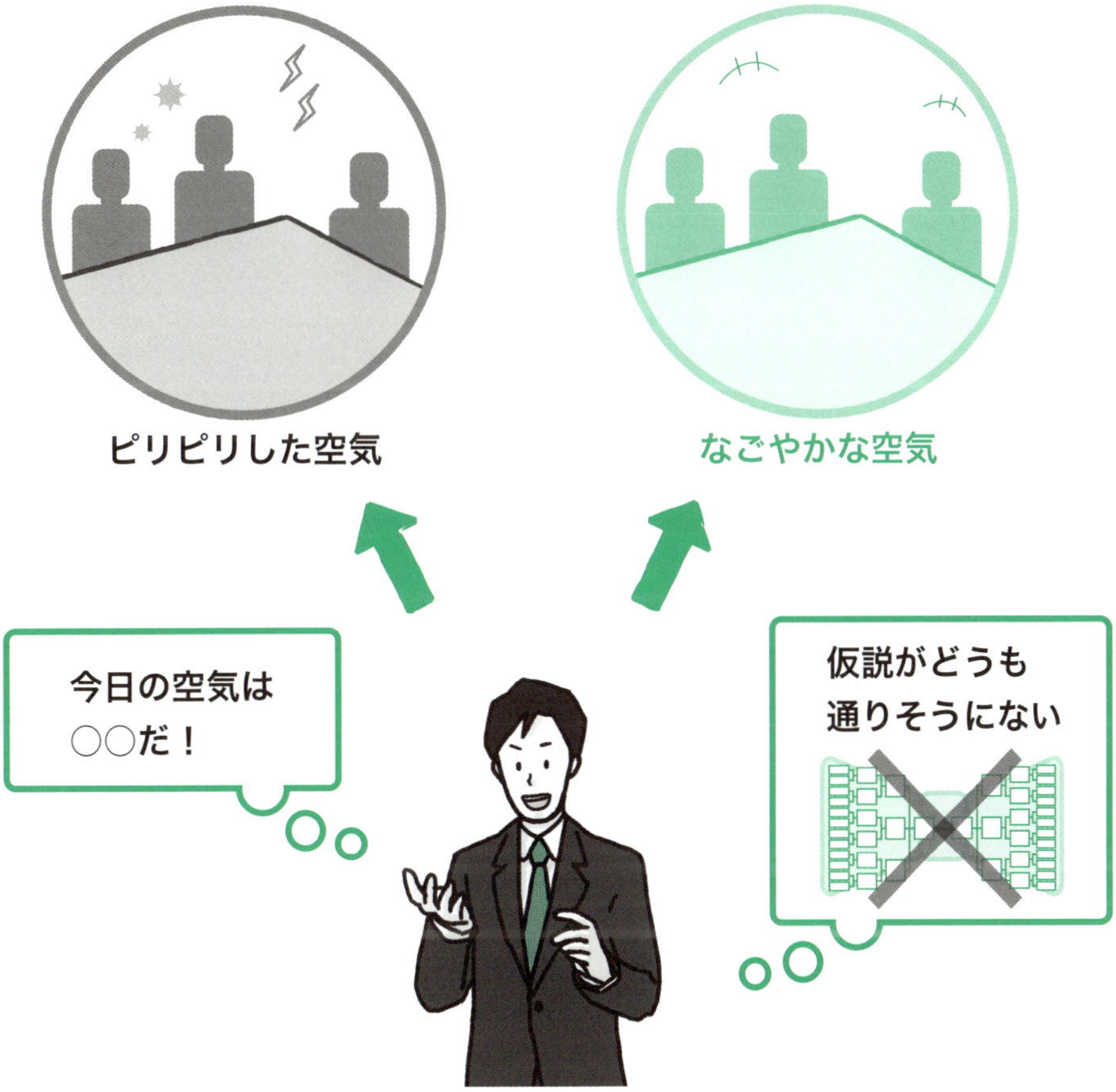
ピリピリした空気
なごやかな空気
今日の空気は
○○だ！
仮説がどうも
通りそうにない

仮説を立て、質問ツリーによって質問項目を用意していたとしても、
そのときの状況に合わせて質問内容を変えていかねばならない。

大切なのはその場の空気を早くつかむこと。
空気がつかめればその中でどのように立ち振る舞い、どのような質問をすればいいのかの仮説も見えてくる。

19

状況認識は最初の一分間が勝負

質問の前に「相手」を読む

　甲子園で初戦敗退した高校野球の選手が、試合後の取材で「自分たちの野球ができないままに試合が終わってしまいました」といった感想を述べることがよくある。あれは甲子園独特の空気をつかめなかったために、浮き足立ってしまったということである。浮き足立ってしまっていては、ゲームの主導権を握ることはまず不可能である。

　インタビューでも同じである。インタビューやヒアリングでは、最初の一分間が状況を認識するためのカギを握る。質問をする前に「場を読む」ということが、非常に大切なのである。

　場の空気感は、部屋のインテリアや採光、その日の天気や気温などによっても変わってくるが、やはりなんといっても大きいのは「人」である。

　自分が向かい合っている相手がどんな人物なのか。今回のインタビューの目的を明確に理解できているか。自分に対して協力的か。どのレベルから話を始めた方がいいか。いきなり抽象的な質問から入ってもいいか。それとも最初は具体的な質問から入り、徐々に質問の質を深めていくべきか……。

　また、自分と相手の話す比率を決めることも大切である。相手がツボをつかんだ本質的な話を初めからしてくれそうであれば、こちらが喋る比率は抑え気味にして、相手が七〇で自分は三〇でよいだろう。しかし相手が一歩引いた姿勢をとっているようであれば、相手が乗ってくるまではこちらの比率を少し上げて六〇対四〇ぐらいにする必要がある。

　私の経験によれば、相手と自分が話す比率は、六五対三五ぐらいがもっともバランスがとれている。これが五〇対五〇になるとどっちがインタビューをしているかわからなくなるので、当然NG。また八〇対二〇だと相手に喋らせてばかりになり、インタビューの流れをコントロールできなくなる。これも避けた方がいい。

最初の一分で失敗すると……

　こういったことについて相手の表情や口調、受け答え方などを見ながら、最初の一分間で仮説を立てる。そのうえで本番に入るわけである。

　最初の一分間で状況を認識することに失敗すると、お互いに同じ土俵に立てていない状態で、主目的のインタビューが始まることになる。ちぐはぐな質問と返答のやりとりが続き、「どうも会話が噛み合いませんね」という齟齬《そご》感が広がっていく。こうなるとインタビューは完全に失敗である。

　インタビューでは、最初の一分間がもっともエネルギーを注がなくてはいけない集中の時間帯だと言える。

最初の1分で状況を認識する

1分
0
15
30
45
どんな人物か？
話す比率は？
今回の目的を明確に理解できているか？
いきなり具体的な質問をしていいのか？
協力的か？

相手の 表情 や 口調 、受け答え を見ながら最初の1分で仮説を立てる。

インタビューでの、相手と自分の話す比率

理想的
65：35
70：30
60：40
NG
50：50
NG
80：20
相手
自分

一度貼ったレッテルを剥がしてみる

仮説は「仮の答え」に過ぎない

質問を重視したインタビューとは、単なる情報収集ではなく、仮説検証の場でもある。

プロのコンサルタントは、「この会社は○○の状況にあって、△△と□□の課題を抱えているはずだ。そしてその本質は××であり、解決の方策としては○△、△×の二つが考えられる」といった仮説を立てたうえで、クライアントへのヒアリングに臨む。そして、場の状況を認識したうえで、相手に質問を投げかけ、その答えによって自分が立てた仮説が正しいかどうかを検証する。

またインタビューのときには、「この人物は△△という問題意識を持って、□□の情報を持っているだろうから、今回は××に焦点を当てた質問をしよう」と、質問項目についての仮説を立てることも大切だ。これによって的を絞った質問をすることが可能になる。

ただし実際のインタビューでは、相手はこちらが事前に立てた仮説とはまったく違う話を始めるかもしれないし、用意してきた質問に積極的に答えようとしないかもしれない。そのときは即座に頭の中で仮説を立て直し、質問項目を書き換えることが求められる。

仮説を立てることは大切だが、仮説に執着しすぎることは避けなくてはならない。仮説はあくまでも、「本当の答え」にたどり着くための足がかりとなる「仮の答え」に過ぎない。

人は想定外のことには目を向けない

ところがこれを実践するのは、簡単に見えて結構難しい。

たとえば医師のところに、ぜんそくの持病を持つ患者が受診にやってきたとする。患者は、「持病のぜんそくがひどくて、呼吸が苦しいんです」と医師に訴える。「気温が下がっているので、これは明らかに持病のぜんそくが悪化しているな」と、多くの医師は判断するだろう。事実その判断は、ほとんどのケースでは間違っていないはずだ。

しかし稀《まれ》にではあるが、ぜんそくとは異なるもっとタチの悪い別の病気が潜んでいるケースもある。

その稀なケースに、予断を捨てて気づくことができる医師ばかりではない。固定観念が強い医師というのは、自分が想像するもの、経験したものに目を向けやすく、想定外のことは無意識に考えないようにする傾向があるからだ。

これは別段、医師に限ったことではないだろう。教師は生徒に対して、営業マンは顧客に対して、自分が想像するものには目を向けやすく、想定外のことは無意識に考えないようにするものである。

仮説を立てながら、仮説を捨てる。これができる人は非常に少ない。一度貼ったレッテルは、なかなか剥がせないのだ。

仮説はあくまでも「仮の答え」

相手が、用意してきた質問に積極的に答えようとしない場合

あ〜……
ですが、
〜ですよね？
仮説に執着
あ〜……
仮説を立て
なおそう！
即座に仮説を立て直す

仮説を立てることは大切だが、仮説に執着しすぎてはいけない。仮説はあくまでも「本当の答え」にたどり着くための足がかりに過ぎない。

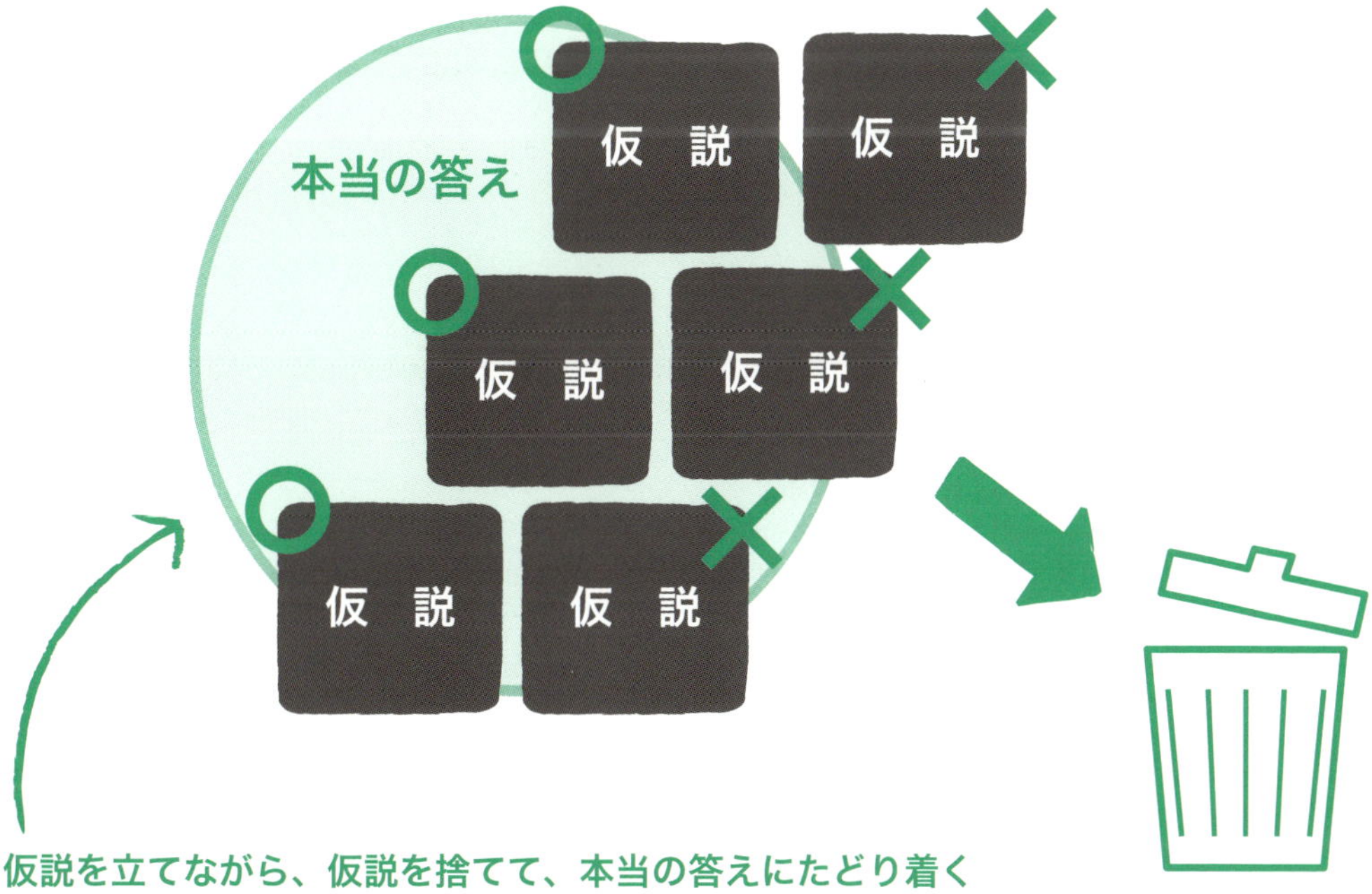
本当の答え
仮　説
仮　説
仮　説
仮　説
仮　説
仮　説
仮説を立てながら、仮説を捨てて、本当の答えにたどり着く

21

常識と予備知識にとらわれるな

自分の頭を使って本質的に考える

二〇〇一年エドモントン世界陸上と二〇〇五年ヘルシンキ世界陸上で銅メダルをとった四〇〇メートル・ハードラーの為末大が、あるインタビューに答えておもしろいことを述べている。少し長くなるが引用してみよう。

固定観念に縛られることの怖さは、陸上の世界でも言えることです。僕らの世界でも、『スタートダッシュのときの姿勢はこうあるべき』といった教科書が存在するんですね。でも前の時代に常識だったことが、次の時代に覆されるといったことは何回も起きています。例えば今は『スタートの時には、前足と後ろ足の間隔は空けない方がいい』とされていますが、以前は『広げた方がいい』というのが常識でした。常識破りの方法で記録を作った選手が現れると、その選手の方法が新しい常識になる。その繰り返しです。（中略）本来は柔軟な思考の持ち主でも、少しでも情報を軽視したり、先入観に囚われたり、慢心した瞬間に、頭の堅い人物に変身します。正しい方法を探り出すことは大切ですが『これで間違いない』と思ったときから、敗北は始まっている。……

『文蔵』二〇〇七年四月号（PHP文庫）

為末は専属のコーチを持たず、練習方法や練習量、大会への出場計画をすべて自分で決めるという世界的にも珍しいアスリートである。そんな彼だからこそ、常識や先入観に囚われず、自分の頭を使って本質的にモノを考える訓練ができているのだろう。

予備知識を捨てた方がいいインタビューができる

CNNのかつての看板番組「ラリー・キング・ライブ」を持ち、アメリカを代表する名キャスターのラリー・キングは、「もっとも優れたインタビューができるのは、そのテーマに対する知識がないときだ」といった主旨のことを述べている。

ただし、これは「無知の方が良いインタビューができる」という意味ではない。

彼のように約半世紀にもわたって報道の第一線で働いていると、どんな話題が来ても一定の予備知識がある。その予備知識をいったんカッコに括って、純粋な知的好奇心から相手と向き合えたときに、本当に良いインタビューができるということだ。

為末大やラリー・キングが言っていることを煎じつめれば、「ゼロベース思考で物事を考えろ」「時には、作り上げた仮説を白紙に戻せ」ということだろう。既存の枠組みを取り払い、本質はなにかを見極め、ゼロから思考を組み立てていく。高度経済成長期とは異なり、過去の成功体験が未来の成功事例になり得ない今の時代には、必要な思考法である。

固定観念・思い込みには要注意！

この方法が正しい！
常識だ！
過去の成功体験

常識や、先入観に囚われてしまうと本質を見落としてしまう。

時に白紙に戻して考えてみることも大切！
過去の成功体験
予備知識
仮説
仮説

予備知識や仮説はいったんカッコに括って、ゼロから思考を組み立てる。

既存の枠組みを取り払い、本質はなにかを見極めてゼロから思考を組み立てていくことは、今の時代には必要な思考法である。

22

ゼロベースで質問を組み立て直す

答えが延長線上になければゼロベースで考える

いかなるときでもゼロベース思考で物事を考えるべきだとは思っていない。医師がすべての患者に対して予断を捨ててゼロベースで診断を始めたら、私たちは風邪をひくたびに精密検査を受けなくてはいけなくなる。それでは非効率きわまりない。

ほとんどのケースでは、経験や知識をベースに仮説を立て、その仮説をもとに判断をくだしてまったく問題ない。

ゼロベースから仮説を組み立てる必要があるのは、「これまでの延長線上には答えがない」「古い頭では解決策が見いだせない」と思われるときである。

ある仮説を持ってインタビューに臨む。しかし質問に対する相手の答えは、どこか自分の立てた仮説とはズレている。本当の答えは、どうやら自分が立てた仮説の延長線上にはなさそうだ。そのときにゼロベース思考が求められるのである。

「軸がどうもズレている」「話がうまく流れない」――質問をする際には、こういった感覚が大切だ。仮説をそのまま進めるか、いったんゼロベースにするかの判断は、微妙なことが多い。小さなことの積み上げでの矛盾を感じ取る嗅覚が、この際に必要となる。失敗を忘れないことだ。失敗の先にこそ、この感覚・嗅覚・感性・センスの習得が待っている。

業界や会社の常識を疑ってみる

インタビューは即応性が求められる行為である。相手が答えたら、こちらもすぐに言葉を返さなくてはいけない。慣れていない人がインタビューの途中でゼロベース思考に切り替えようとすると、文字通り頭が真っ白になり、次にするべき質問がなにも浮かばないといったことになりかねない。だから質問の場面だけではなく、普段からゼロベース思考で考える力を鍛えておくことが大事だ。

たとえばある問題について、考えに考え抜いた後は、その問題に意識を集中させた分、視野が狭くなっているものだ。そこでゼロベース思考になって、別の観点から問題にアプローチできないかを探ってみる。

あるいは大きな決断をする前に、その決断に間違いがないか、異なる発想はないか、ゼロベース思考で検証してみるとよい。

ゼロベース思考をするためには、今までの思考の枠組みを取り払う必要がある。固定観念、既成概念を見直す勇気とクセを普段からつけておくことだ。そのためには、これまでどっぷり浸かってきた業界や会社の常識を疑ってみる。また役職を離れて、自分がもし違う立場だったらどのような発想をするかを考えてみる。具体的には、「○○さんならどう考えるか?」「一方、△△さんならどう考えるか?」を繰り返すといいだろう。

ゼロベース思考が求められるとき

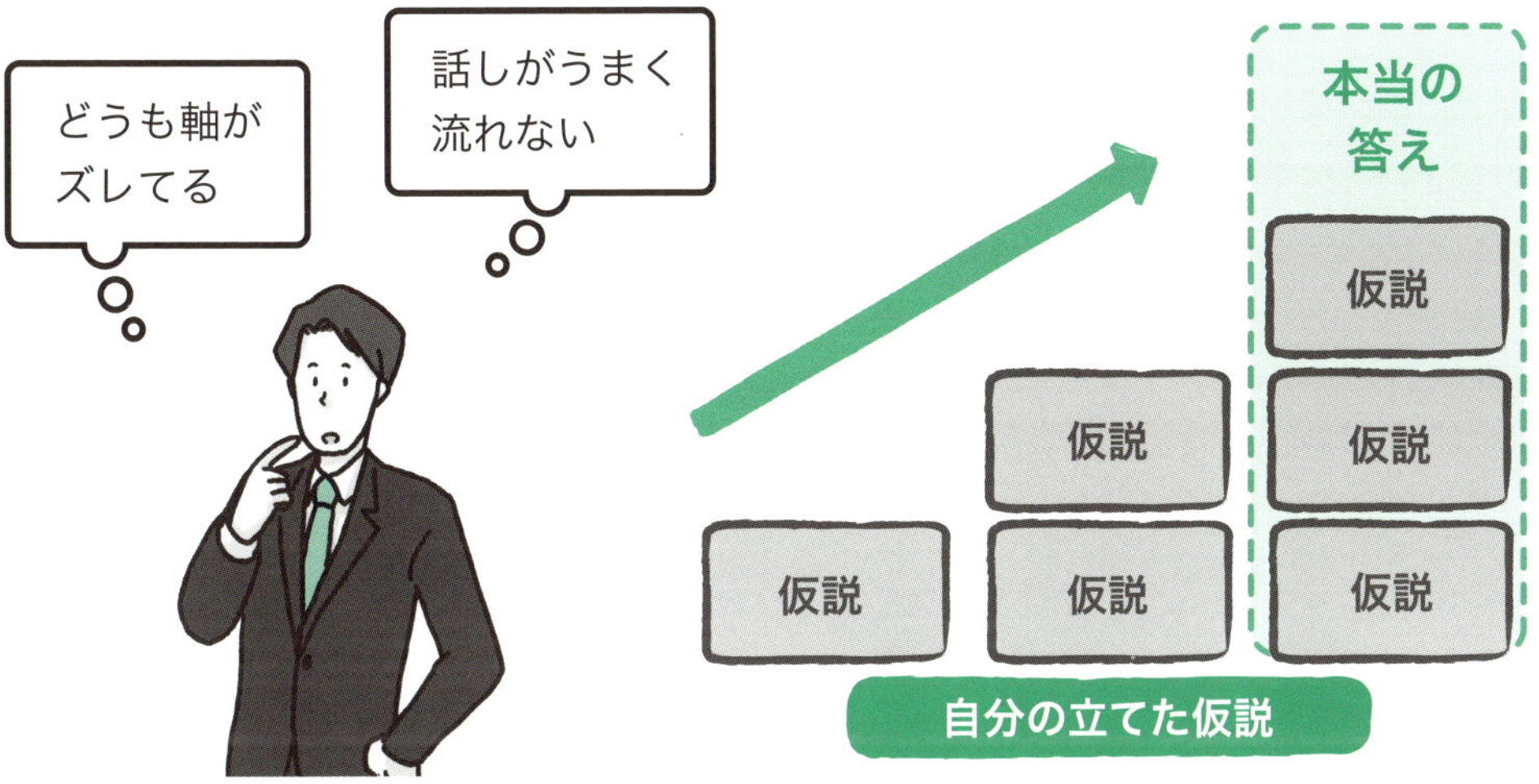
どうも軸が
ズレてる
話しがうまく
流れない
本当の
答え
仮説
仮説
仮説
仮説
仮説
仮説
自分の立てた仮説

古い頭では解決策が見いだせない。

これまでの延長線上には答えがない。

ゼロベースから仮説を組み立てる必要がある。

ゼロベース思考を鍛える

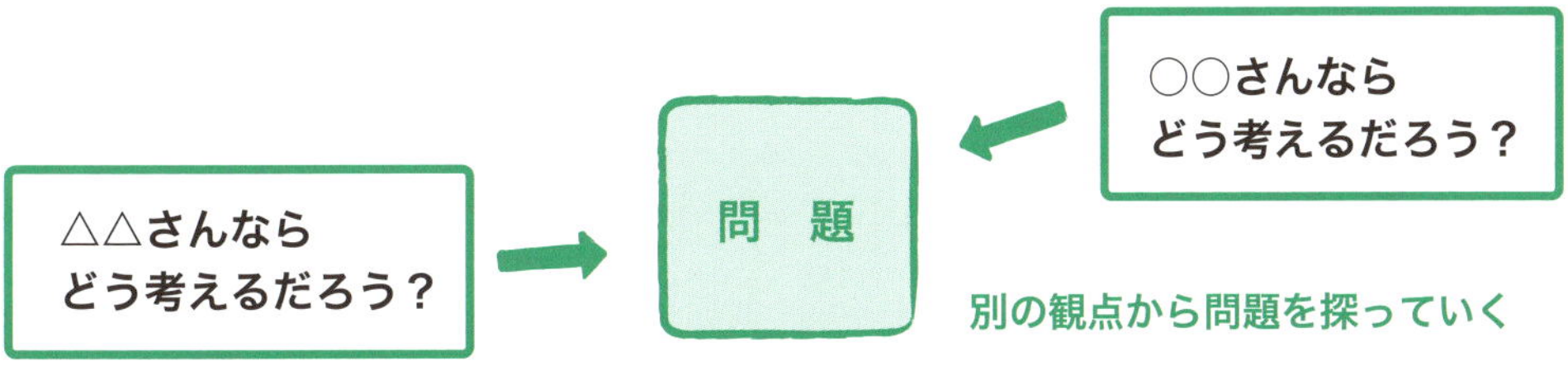
△△さんなら
どう考えるだろう？
問　題
○○さんなら
どう考えるだろう？
別の観点から問題を探っていく

普段から固定観念、既成概念を見直す勇気とクセをつけておく。

23

質問者には「傾聴」と「共感」が欠かせない

カウンセリングの技術で信頼と安心の空気を作る

コンサルタントの他に、「質問力」が特に求められる職業として思い浮かぶのは、「カウンセラー」であろう。カウンセリングの基本は、「傾聴」と「共感」である。

傾聴とは、相手の話に耳を傾けて熱心に聞くこと。クライアント（来談者）がなにを考え、それをどのような言葉で表現しようとしているのか、精神を集中させて聴き取る。そうしてクライアントに自ら話してもらうことで、心の中に溜め込んだ〝おり〟を吐き出させる。クライアントは言葉を吐き出す中で次第に気持ちが整理され、うまく言葉にできなかった本質的な問題に気づくこともある。

カウンセラーは、相手が話しやすいように傾聴し続け、「この人だったら信頼して自分の話ができそうだ」という安心感を持ってもらう。

そしてもう一つが「共感」。共感とは、相手の感情、意見、解釈を、自分の価値判断抜きで、そのまま受け止めることである。

心に悩みを抱えている人は、モノの見方が狭くなっていることが多い。第三者から見たら、「それはあなたの思い込みだろう」と感じることも少なくないだろう。しかし、その人が苦しんでいることはまぎれもない真実である。だから「ああ、今苦しいんですよね」といった部分に共感を示すのである。

クライアントの業界用語、思考の枠組みを把握する

コンサルティングでも「傾聴」と「共感」が不可欠である。たとえば、傾聴と共感をされることで、プロジェクトスタート時には関係の薄かったクライアントでも、初めて安心感を持つ。不安や怒り、孤独感から解放され、冷静に自分を見つめるようになり、問題解決のとば口に立つことができるようになる。傾聴と共感によって話しやすい雰囲気を作り、言葉を引き出すことで、クライアントが抱えている課題を洗い出していくのだ。

まず傾聴では、相手の立場に立ち、先入観を持たずに話を聞く。また一つひとつの言葉に惑わされず、本当はなにを言おうとしているのかに意識を向ける。言葉に表れていないメッセージについても読み取ろうと注意する。

共感では、相手の言っていることを評価したり否定するのではなく、そのまま感情を受け止める。相手が話しやすいように、友好的な態度で接し、ところどころで大きくうなずいたり、あいづちを打ってあげる。

このとき、業界用語、会社用語を知っていると役立つ。コンサルタントは相手が使う言葉の中から自分が使える言葉を探し、その言葉を用いて適切な質問をすることで、相手の話を整理したり、エッセンスを抽出したり、解釈をし直してあげる。相手の思考の枠組みに沿いながら、話をまとめあげていくのだ。

カウンセリングの技術を使う

傾　聴

相手の話に耳を傾けて、熱心に聞くこと。

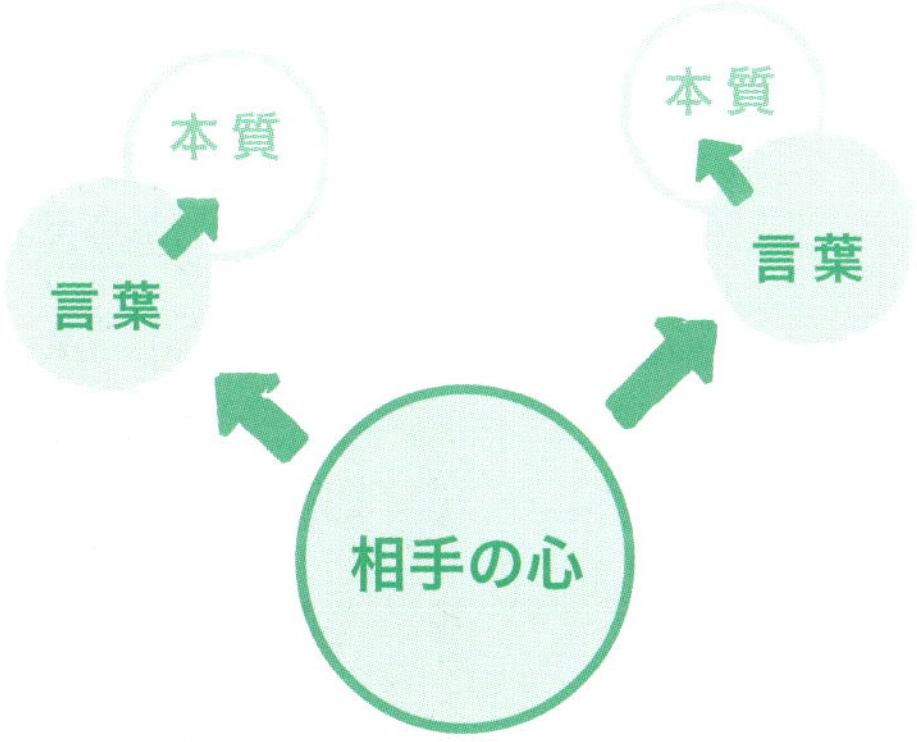
本質
言葉
本質
言葉
相手の心

相手の立場に立ち、先入観を持たず、相手の言葉に表れていないメッセージにも意識を向ける。

共　感

相手の感情、意見、解釈を自分の価値判断抜きにそのまま受け止めること。

評価
否定
ああ、わかります
そうなんですね

相手の言葉を評価も否定もせず、そのまま受け入れる。友好的に接したり、大きくうなずくなどして話しやすい雰囲気を作る。

相手の思考
相手の思考
相手の思考
相手の思考

相手の思考の枠組みに沿いながら話をまとめあげていく。

相手軸が傾聴と共感の基本

業界用語
会社用語

相手が使う言葉の中から自分が使える言葉を探し、その言葉を用いて適切に質問することで、話を整理したり、解釈をし直してあげる。

24

相手の心を開く、いい「呼び水」の質問とは？

寄り添いつつ突き放す「幽体離脱」のテクニック

コンサルタントの質問の目的は、クライアントが抱えている問題を整理したうえで本質を探求し、なにをどうすればいいかという気づきを相手にもたらし、主体的なアクションにつなげていくことだ。

そこでコンサルタントに必要とされるのが、クライアントに共感しながらも、一方でもっと上の立場からクライアントの状況を見る力である。私はときどきクライアントから「野口さんって、すごく自分たちに寄り添った発言をしてくれると思ったら、急に自分たちを突き放したような態度を取ることがありますよね」と言われることがある。これは私がまさしくクライアントに強く共感しながらも、一方で客観的に見ることで、より上のステージに引き上げることへの支援をするスタンスができているからだと思う。

私はこれを「幽体離脱」と呼んでいる。クライアントの状況を理解し、共感もし、まさに私は彼ら彼女らと一心同体といってもいい。けれどもその一方で、幽体離脱によってクライアントを第三者的に見る視点を持つのだ。

幽体離脱をすると、相手が狭い思考の枠組みに囚われていることが見えてくる。

気づきをもたらし、より高いステージへと導く

そこでコンサルタントは、クライアントに届く言葉（会社や業界独自の用語）を効果的に用いながら、新しい発見や気づきをもたらす質問を投げかける。そうしてクライアントを「井の中の蛙」状態から引っ張り出し、より高いステージへと引き上げていくのである。

このときに必要となるのが「呼び水」としての質問である。仮に私が個人向けに住まいのコンサルティングをしていて、住宅購入を考えている奥さんの相談に乗ってあげていたとしよう。奥さんは外観のデザインや内装、性能ばかりにこだわっていて、会話の中に外構の話がまったく出てこない。いわば外構は、彼女の思考の枠組みの外部にある。

この場合、私だったらこんな質問を奥さんに差し向ける。

「ところで庭にはどういう木を植えようとされていますか。落葉樹がいいですか、針葉樹がいいですか。すてきな花が咲く花みずきのような落葉樹は、家の外観をきれいに仕上げてくれると思います」

奥さんはその質問が呼び水となって、自分の意識の中から外構が抜けていたことにハッと気づくはずだ。この呼び水の質問ができるかどうかで、コンサルタントの信頼度はまるで違うものとなる。また問題解決と目標達成のレベルもまったく異なるものとなる。

こうした質問は、クライアントより一段上の目線に立っていないと発することができない。だから幽体離脱が必要なわけである。

「幽体離脱」で客観的な視点を持つ

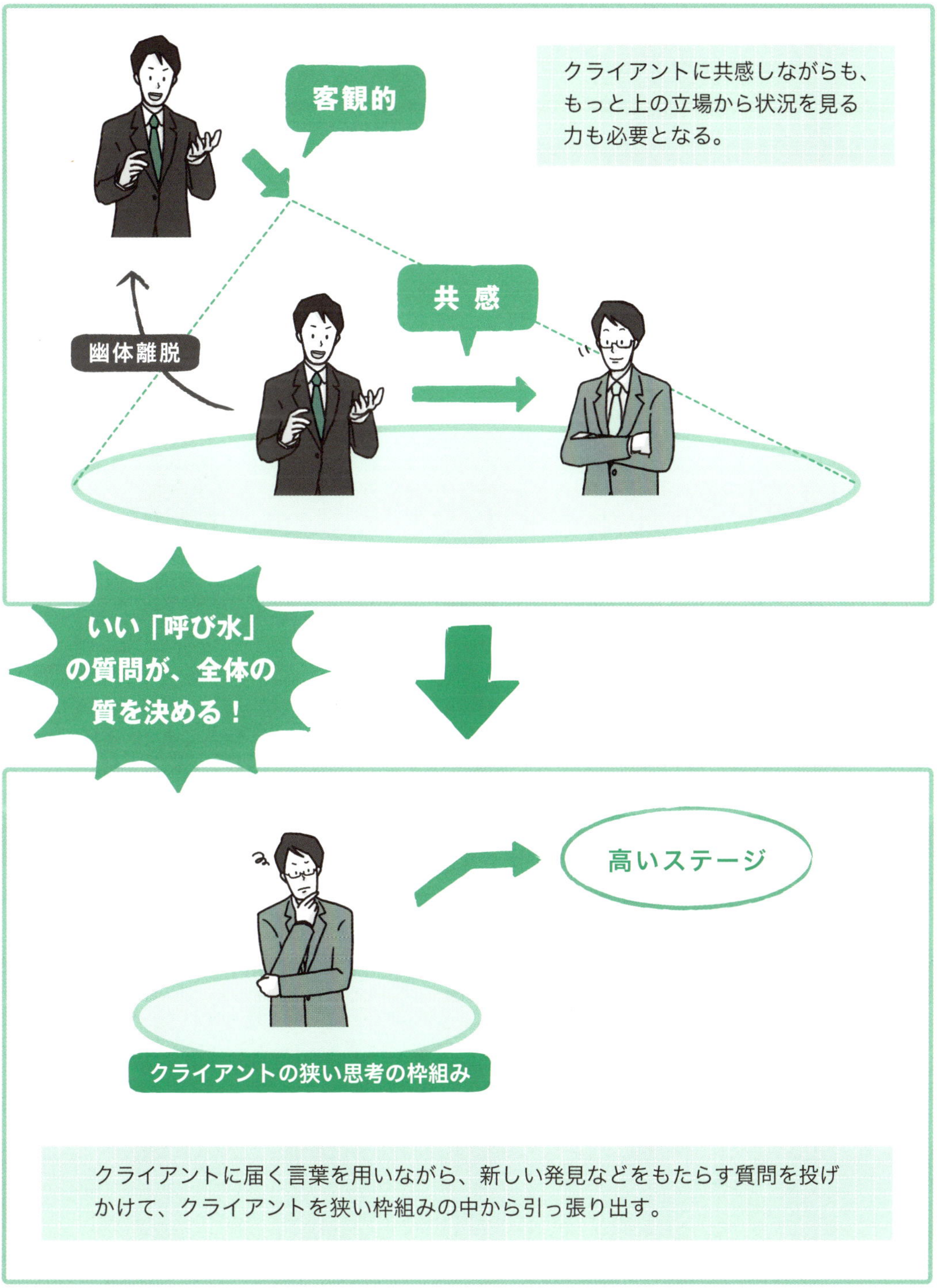
客観的
クライアントに共感しながらも、もっと上の立場から状況を見る力も必要となる。
共 感
幽体離脱
いい「呼び水」の質問が、全体の質を決める！
高いステージ
クライアントの狭い思考の枠組み
クライアントに届く言葉を用いながら、新しい発見などをもたらす質問を投げかけて、クライアントを狭い枠組みの中から引っ張り出す。

25

具体的な質問と抽象的な質問を使い分ける

相手が答えやすい質問から入っていく

ひと口に質問と言ってもいくつかに分類できる。たとえば「クローズドクエスチョン」と「オープンクエスチョン」。クローズドクエスチョンとは、「同じ価格の車なら、燃費がいい方と、性能がいい方のどちらを選びますか」とAかBかを選ばせる質問である。一方オープンクエスチョンとは、「あなたが車を選ぶときに重視することはなんですか」と、相手に自由に答えを述べさせるというもの。

また「具体的な質問」と「抽象的な質問」にも分けられる。「今日は何時に起きましたか」は、相手が考えなくても答えられる具体的な質問だが、「あなたにとって幸福とはなんですか」というのは、相手にかなり考えさせる抽象的な質問である。

質問をするときには、相手が答えやすい具体的な質問やクローズドクエスチョンから入っていくのがセオリーである。

答えやすい質問に答えているうちに、だんだんと相手の中でそのテーマに関する意識が明確化され、抽象的な質問にも答えられる準備が整う。またコンサルタントの側も「この人はこんな考え方の持ち主なんだな」「知識や情報量はこのレベルだな」と相手の人物像が見えてくる。つまり仮説が立てられるわけだ。

具体的な質問、クローズドクエスチョンをウォーミングアップで数回繰り返し、少しずつ専門的な空気を作っていき、「私もそれなりにあなたを知っていますよ」「専門的な知識もありますよ」と知らせていく。そのうえで抽象的な質問を投げかければ、手応えのある答えが返ってくる可能性が高まる。

具体的、具体的、そして抽象的な質問。その抽象的な質問への答えからヒントをもらい、さらに具体的に、そして抽象的にと質問をしていく。これを繰り返すことによって、より深く、高く、広くその場を作り上げていき、徐々に抽象度も上げていくといい。具体的と抽象的を使い分けることで、いい場ができ、いい情報が得られ、いい関係もできてくる。

いきなり本質的な質問を投げる手もある

ただし相手の問題意識や専門知識が深く、インタビュアーもテーマについての本質をつかんでいるときは、いきなり本質的で、しかも抽象度の高い質問から入るという手もある。

本質的で抽象度の高い質問から始めるときは、まずは「私はこの問題についてこれだけのことを知っています。こうした仮説を立てています」と、インタビュアーが自分のレベルを相手に示す必要がある。同じ土俵で話せる人間であることをアピールするのだ。

そのうえで本質に切り込む質問を開始する。これが相手の意識を「今日はなかなか、手応えのあるインタビューになりそうだぞ」と覚醒させる呼び水となるのである。

質問の種類

クローズドクエスチョン ⇔ **オープンクエスチョン**

「AとBなら、どちらがいいですか？」とAとBを選ばせる質問。

「車を選ぶときに重視することは？」など、自由に答えを述べさせる質問。

具体的な質問 ⇔ **抽象的な質問**

「今日は何時に起きましたか？」など、考えなくても答えられる質問。

「あなたにとっての幸福とは？」など、かなり考えさせる質問。

質問は具体的から抽象的に

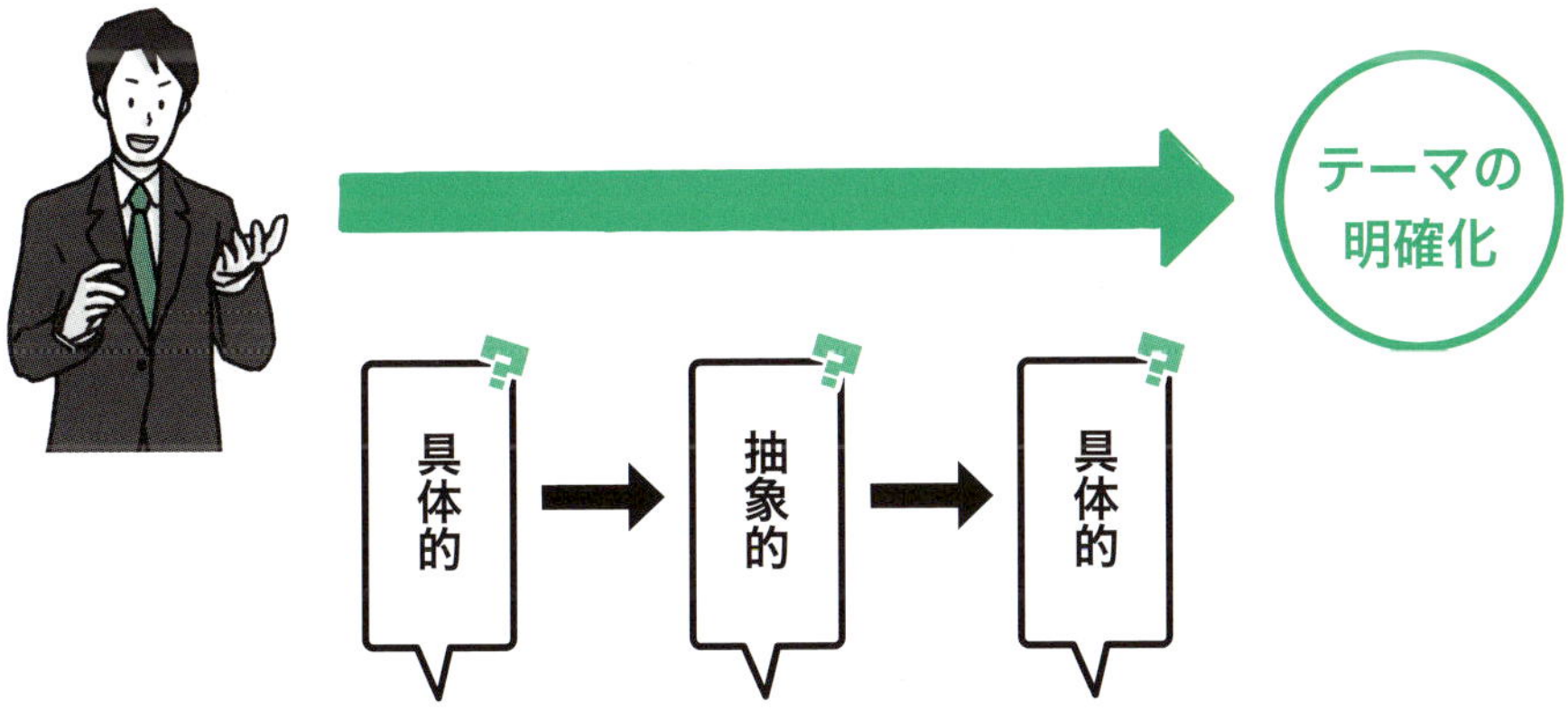

具体的な質問と抽象的な質問をうまく繰り返していくことによって、より深く高く、広くその場を作り上げていく。

26

コミットメント力で相手の懐に入る

「コミットメント」は重い責任をともなう

仮説に迫力があり、仮説に思い入れがあると、仮説としての「スゴみ」が増す。スゴみのある仮説を元にした質問は相手を動かし、より本質に近づきやすくなる。

スゴみのある仮説を作る原点が、クライアントやプロジェクトへの「コミットメント」である。質問力を構成する仮説力という能力の最後の話は「コミットメント」だ。

コミットメントという言葉が日本のビジネスの世界で頻繁に使われるようになったのは一九九九年、日産自動車の社長に就任したカルロス・ゴーンが、「日産リバイバルプラン」の中でこの言葉を用いてからのことである。

日本では「関与」「関わり」「公約」などと訳されてきた「コミットメント」だが、英語ではもっと深い意味を持つ。コミットには、もともとは「神に魂をゆだねる」といった意味合いがあったらしい。コミットメントとは、主体的に関わりを持った限りは達成責任が生じる重いものなのである。

言うまでもなく、このコミットメント力を持った質問は、人の心を動かす。

どんな思いを持って質問するか

コミットメント力を高めるうえで必要なのは、まず本人が当事者意識を持つことである。「俺がやらねば誰がやる！」と目標に対して命がけでコミットする意志と、「こいつは絶対に逃げない」という姿勢が見えたとき、周囲からの信頼も得られる。

コンサルタントの世界では、駆け出しのコンサルタントが経験豊富なシニア・コンサルタントを食ってしまうことがときどき起こる。論理的でシャープな分析力を醸し出すシニア・コンサルタントの言葉には耳を貸さなかったクライアントが、駆け出しコンサルタントの「今、御社を変えるには、メンバーの全身全霊を賭けたこのプロジェクトを、なにがなんでも進めるしかありません！」といった、シンプルすぎるぐらいシンプルな提言に心を動かされることがあるのだ。

持っている知識や情報、分析の精度などは、シニア・コンサルタントの方が数段上である。しかし、いくら指摘が論理的で的確でも、評論家風の口調で言われてしまったら、人は動かない。「私もみなさんと一緒に汗と涙を流します！」というコミットメントの姿勢が説得力を増幅させることもある。

質問においても、質問する側がコミットメントする意志を持っているかどうかによって、相手の反応はまるで違うものになる。「私は本気でこの問題を解明したい」という姿勢が見られない質問者に対して、相手が本音を話してくれるはずがない。質問は、「なにを聞くか」とともに、「どんな想いを持って聞くか」がとても重要になるのである。

コミットメント力を持った質問は、相手の心を動かす

コミットメントとは…

関 与 **関わり** **公 約** などと日本語で訳されているが、もともとは

神に魂をゆだねる といった深い意味合いがあった。

知 識　情 報　分析の精 度

論理以上に想いが人を動かすこともある！

持っている知識や情報、分析の精度ももちろん重要だが、
本人が当事者意識を持つコミットメントの姿勢が説得力を増幅させる

質問する側がコミットする意思を持っているかどうかによって、相手の反応はまるで違うものになる。

27

本気になって怒れば、本音が出てくる

ケンカを辞さない覚悟があるか

インタビューの際には自分が当事者意識を持つと同時に、相手のコミットメントを引き出すことも重要だ。自分一人が熱を入れていても周りが白けてしまっていては、空回りに終わってしまう。では、相手のコミットメントを引き出すにはどうすればいいのだろうか。

クライアントのところにインタビューに行くと、役員であるにもかかわらず、まるで他人事のように自分の会社の内情を話す人がいる。私はこういう場合、ケンカをふっかけることが多い。「失礼ですが、あなたのそういう姿勢では、部下はついて行こうとはしないし、この会社は変わりようがないと思いますが」と、辛《しん》らつな言葉を放つこともある。

こっちが本気になって怒れば、向こうも本気になって怒り出す。「俺だって真剣にこの会社の将来を考えているんだよ」と、心の中に秘めていた（あるいは忘れていた）本音が出てくることが多いのだ。本音まる出しの真剣インタビューが始まるのはここからだ。

もちろんケンカをふっかけることによって、いつも関係がうまく深まっていくとは限らない。逆に決裂を招いてしまうこともある。

しかし相手の胸襟《きょうきん》を開かせようと思ったら、身体ごとぶつかっていく覚悟が必要だ。ニコニコしているだけで、信頼関係が築けるわけではない。コンサルタントは状況や相手によっては、ケンカを辞さない「覚悟」がいる。スゴみのある仮説を正面からぶつければ、どんなに保守的な役員でも、根っこにある会社への思いが次第に表に出てくる。

斜に構えた社員を同志に変える質問

クライアントへのインタビューでは、「それであなた、いったい僕になにを聞きたいわけ？　あなたはコンサルタントとしてこの会社に対してなにをやってくれるの？」みたいな斜に構えた社員にもときどき出会う。

実はこうした社員は、自分の能力にそれなりの自信を持っているものである。自信がない社員は、会社や上司に認められることで精いっぱいで、斜に構える余裕などないからだ。

そのため斜に構えた社員は、一定の実力があり、会社が抱えている問題の本質がある程度見えていることが多い。だから私はそうした社員には、自分が仮説として立てたその会社の本質的な経営課題を、スゴみを加えてずばり話すようにしている。

こちらが立てた仮説と、斜に構えた社員の問題意識が合致したとき、相手の態度が一八〇度変わることがある。中途半端に協力的な社員よりは、最初は試すような態度を取っていた社員の方が、後にかけがえのない同志になってくれる可能性が高いのだ。そこで大事なのは、本質的な背景の説明と、スゴみのある仮説を基本にした質問なのである。

ケンカを辞さない「覚悟」を持つ

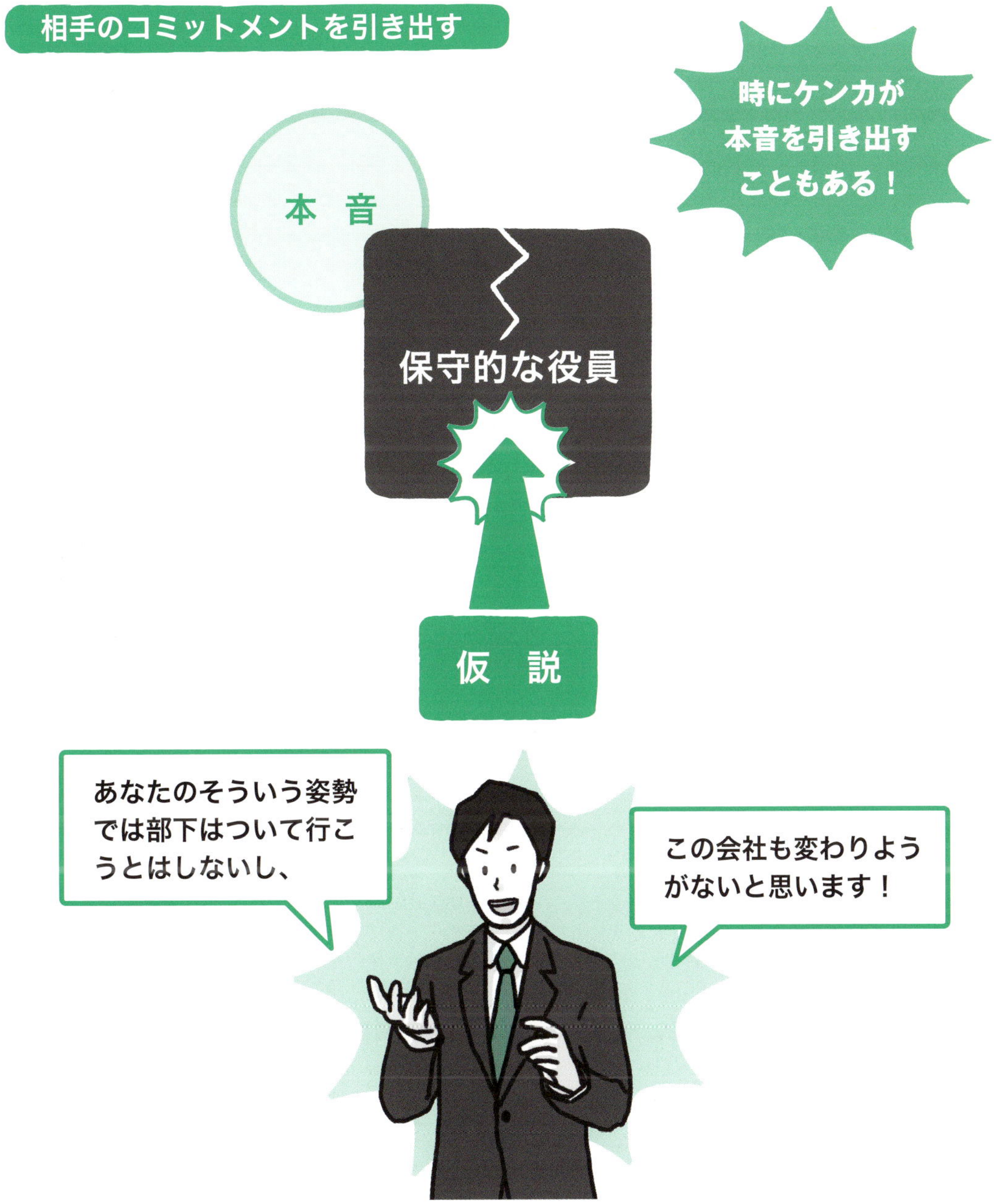
相手のコミットメントを引き出す
時にケンカが
本音を引き出す
こともある！
本　音
保守的な役員
仮　説
あなたのそういう姿勢
では部下はついて行こ
うとはしないし、
この会社も変わりよう
がないと思います！

ニコニコしているだけでは信頼関係は築けない。状況や相手によっては、相手のコミットメントを引き出すためにケンカを辞さない覚悟も必要。

28

覚悟を促す質問で「ルビコン川を渡る」

重大な決断をするときは……

相手のコミットメントを引き出すには、時に相手の覚悟を促すような質問をする必要も出てくる。私たちの会社、HRインスティテュートで、キーワードになっている言葉がある。それは「ルビコン川を渡る」だ。

ルビコン川はイタリア北部を流れる川で、古代ローマではこの川が本土と属州の国境線となっていた。当時は武装した状態でルビコン川を越えてローマに入ることは禁じられていた。しかしガリア遠征中に政敵ポンペイウスの画策によりガリア属州総督解任と本国召還を命じられたジュリアス・シーザーは、「賽は投げられた」という有名な言葉とともに、国禁を犯し、武装してルビコン川を渡った。そして内乱を経てポンペイウスを打ち破り、権力を掌握したのである。

このことにより「ルビコン川を渡る」は、「一度実行したら、もう後戻りができない重大な決断」の喩えとなった。

プロジェクトでは、ルビコン川を渡らなくてはいけない場面が必ずある。まず不可欠なのは、コンサルタント自身がルビコン川を渡る覚悟を決めること。そして次に求められるのは、クライアントの担当者や責任者に対して、ルビコン川を渡る覚悟を促すことだ。

一緒に川を渡る覚悟を示す

以前関わったS社のプロジェクトは、その事業部門の背水の陣でもあった。しかし、事業本部長は煮え切らない性格だった。一方、担当のC課長は熱血タイプだった。

このプロジェクトでは、ビジネスモデルはいい出来だったが、価格が高く、五〇%ほど下げる必要性が感じられた。販売量を三倍にすれば五〇%ダウンも可能だったが、事業本部長はリスクを最小限にしようと、五〇%ダウン、三倍の販売目標を立てようとしない。

私は怒った。C課長とこの本部長に迫ったのだ。「勇気を持って五〇%ダウンを実現しなければ一〇分の一も売れません。C課長が現場の責任を取りたいとこれだけ主張しているのです。川を渡ってください」

そう本部長に詰め寄ると、本部長は、「わかった！　C課長に任せる」と、覚悟を決めた。こうしてプロジェクトは動き出し、C課長は現在、部長となって頑張っている。

このように、「ここから先はルビコン川を渡らなくてはいけません。あなたにはその覚悟ができていますか」というスゴみのある仮説からの質問を、担当者に投げかける。そのためには、「私も一緒にルビコン川を渡ります」「成功のために最善のサポートをおこないます」という誠実な姿勢を見せなくては、相手はけっして川を渡ってくれようとはしない。

メンバー全員が課題にコミットメントする覚悟ができれば、質問の効果は最大となる。

メンバー全員でルビコン川を渡る覚悟を持つ

ルビコン川を渡る

「一度実行したら、もう後戻りができない重大な決断」の喩え。

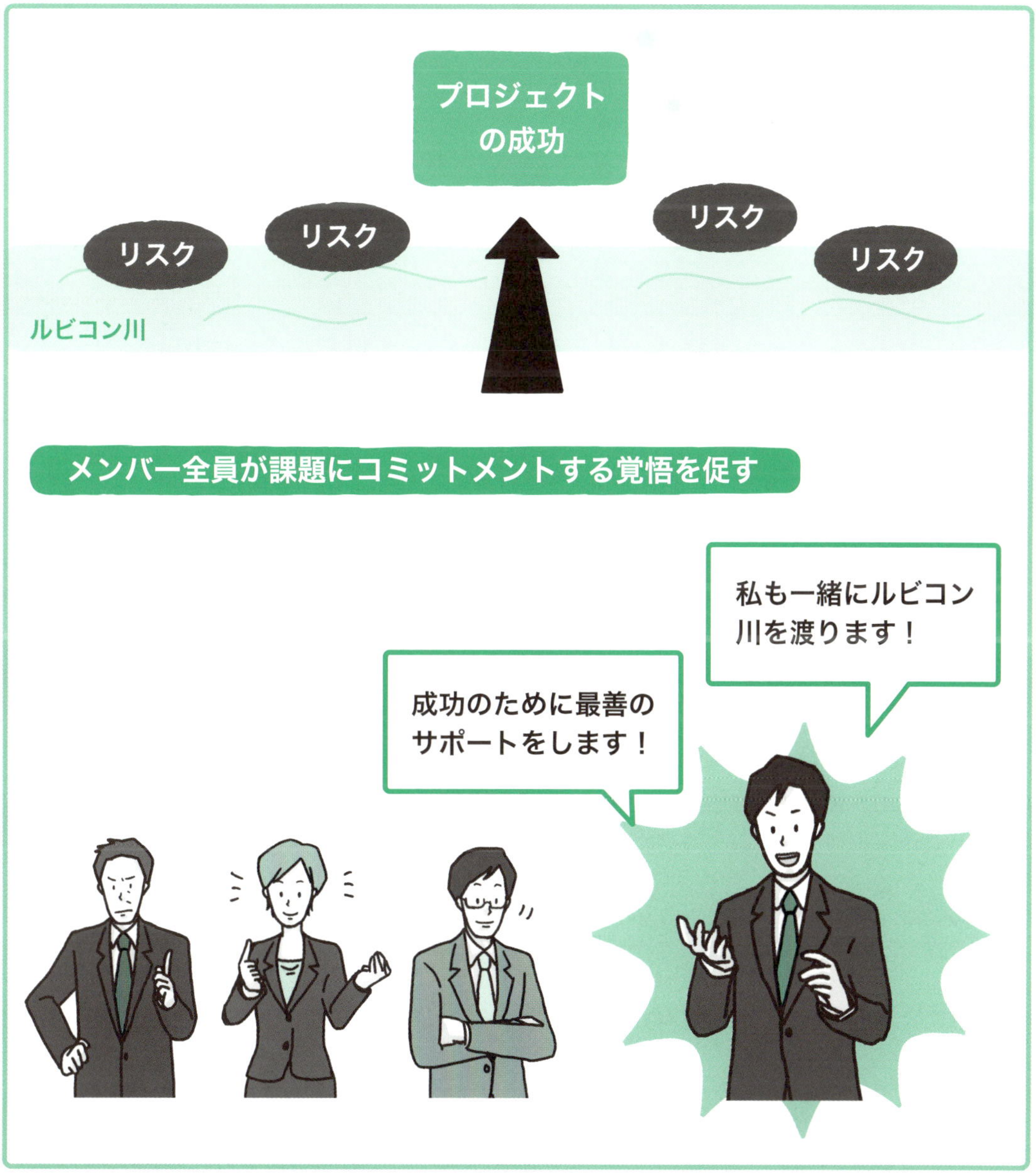
プロジェクト
の成功
リスク
リスク
リスク
リスク
ルビコン川
メンバー全員が課題にコミットメントする覚悟を促す
私も一緒にルビコン
川を渡ります！
成功のために最善の
サポートをします！

「仮説力」を鍛える8つのポイント

1

仮説には、「過去〜現在軸の仮説」「現在〜未来軸の仮説」の2種類がある。

2

仮説を立てるには、まず事前リサーチでセカンダリーデータを収集する。

3

仮説を構築するには、「蝶ネクタイチャート」を活用する。

4

質問は、ボトムアップ型で整理して、ブレイクダウン型で設計する。

5

インタビューの最初の1分間で、仮説を立てる。

6

仮説はあくまで「仮の答え」。仮説に執着し過ぎてはいけない。

7

傾聴と共感によって、話しやすい雰囲気を作り、言葉を引き出す。

8

質問者自身がルビコン川を渡る覚悟を決めて、相手にも覚悟を促す。

第3章

「本質力」

こそ、
こだわりの質問を生む
エッセンス

29

質問を通じて本質に達するソクラテスの産婆術

「本質力」とは鋭い質問ができる能力

多くの人が「質問力のある人」として思い浮かべるのは、込み入った話の中に光をパッと照らすような「鋭い」質問を投げる人のことだろう。その「鋭い」質問をする能力こそが「本質力」である。昔から人びとは本質を見抜くための思索と試行錯誤を重ねてきた。

古代ギリシャの哲学者・ソクラテスが、本質に迫るために編み出したのが問答法である。問答法とは、文字通り相手に質問をして、それに答えてもらうことを通じて本質に迫っていこうというもの。ソクラテスはとりわけ世の中で常識とされていることをわざわざ取り上げて、問答をしていった。

たとえば、「友人にウソをつくことは罪か」と聞かれれば、誰だって「それは罪です」と答えるだろう。そこでソクラテスは問う。

「では友人が重い病気だったとして、彼を励ますためにウソをつくのは罪ですか」

「いいえ、罪ではありません」

ここから「ウソにも、罪なウソと罪ではないウソがある」ことが導き出される。

世の中で常識とされていることも、つきつめて考えるとあやしいことが見えてくる。ソクラテスは問答法によって、物事を本質的に探究していくことの大切さと難しさを訴えた。

この問答法は、「ソクラテスの産婆術」とも呼ばれた。相手に質問を投げかけて、それに答えさせる中で、世の中で常識とされていることの矛盾や曖昧さに気づかせ、相手が本質に到達するための手助けをするのである。

「なぜ」「なぜ」と問うことで本質に迫る

ソクラテスの産婆術は、コンサルタントがクライアントに質問するプロセスによく似ている。クライアントも問題の本質に迫ることができずにいる場合が多い。

営業成績が落ちると、「それは営業マンのがんばりが足りないからだ」と短絡的に考えるケースが多い。工場の生産性が低下すれば、「それなら最新の機械を導入すればいい」と判断してしまうことも多い。本質に迫ることができないと、適切ではない解決策を選択して、誤った行動をとってしまうことになる。

そこでコンサルタントが産婆となり、質問を通じて、相手に問題の本質に気づかせる。

たとえば「なぜ売上が低下したのか？」という疑問に対して、「チャネル力の低下」という要因が大きかったとしよう。そこで、「では、なぜチャネル力が低下したのか？」とさらに質問をつきつめることで、「チャネルマネジメントの弱体化で競合の動きを見過ごしてしまった」「そのため、マージン政策への対応が遅れてしまったことが真因！」などと問題の本質が見えてくる。いわば、「なぜを三、四回質問すること」で本質が見えてくるのだ。

ソクラテスの産婆術で本質に迫る

ソクラテスの産婆術

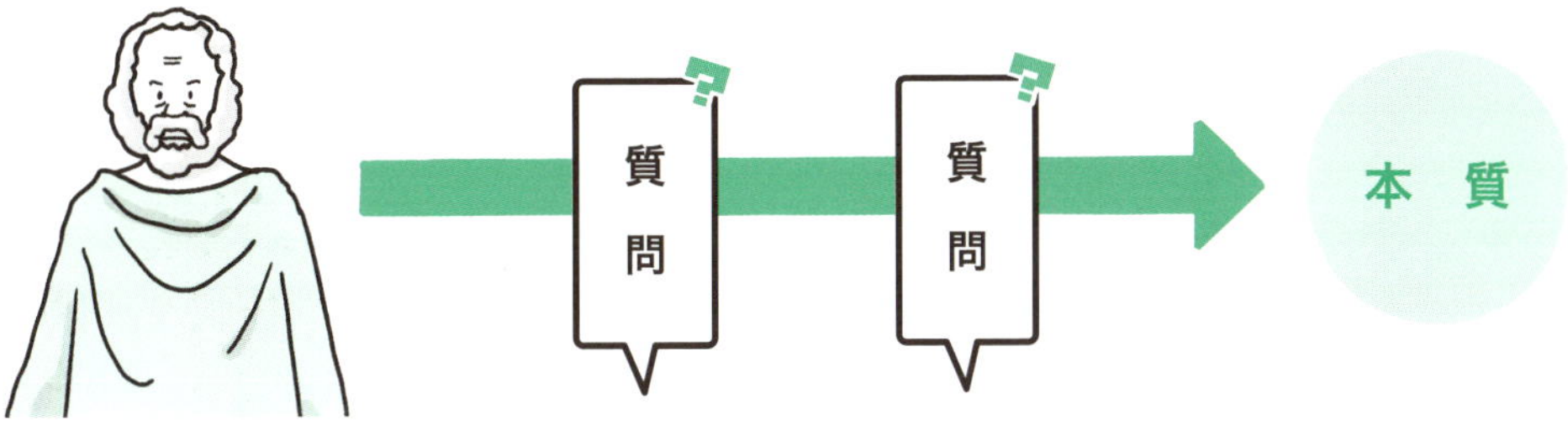

相手に質問を投げかけて、それに答えてもらうことで、相手が本質に到達する手助けをする。

なぜ、
売上が低下したのか？

チャネル力の低下？

なぜチャネル力が
低下したのか？

チャネルマネジメントの弱体化で
競合の動きを見過ごしてしまった

↓

マージン政策への対応が遅れたのが真因！

↓

質問を通じて、相手に問題の本質に気づかせる。

なぜ、
営業成績が下がったのか？

営業のがんばりが
足りないからだ！

短絡的な考えでは問題の本質には行きつかない。

↓

本質に迫ることができないと、適切でない解決策を選択し、誤った行動をとってしまうことになる。

30 聞くことの基本は、うなずきと短いコメント

インタラクティブ性を理解する実験

会話とはインタラクティブなものである。人と人との関係は、インタラクティブ性を失うと、途端につまらないものとなる。

試しにこんな実験をしてみてほしい。家族や友人にお願いして聞き役になってもらう。ただし自分の話に対して、うなずいたり笑ったり、「へえ〜」と言ったり、質問したりしてはいけない。無表情、無反応で聞き役になってもらう。

そういう無表情、無反応の聞き役を前にして話してみると、ものすごく苦痛なはずである。自分が話していることが、相手にとって興味をそそる内容になっているかどうかの手がかりがつかめない。だから話をどの方向にふくらませればいいのか見当がつかない。話題はすぐに尽き、終わってしまうだろう。

そこで相手に、「うん、うん」「へえ〜」「なるほど」「そうなの?」というふうに、短い合いの手を入れてもらうようにお願いする。すると会話の弾み方は、まるで違うものになる。

話の途中で、「うん、うん」とうなずいてくれれば、相手が話を聞いてくれていることを確認できる。「へえ〜」と言われれば、興味を持ってくれている部分がわかる。「なるほど」と言われれば、納得してくれていることがわかる。「そうなの?」と聞かれれば、どこに疑問を持っているかがわかる。興味の「見える化」、仮説検証の「見える化」である。

聞くことの基本の「き」とは、うなずきと短いコメントと言ってよい。

聞き手のうなずきで話を盛り上げる

私が自分の講演会で聴衆のノリが悪そうなとき、最初に「どこでもいいから三分間に一度、必ずうなずいてください」とお願いしている。

私はこれを自分の講演会だけではなく、人の講演会を聞くときにも実践している。タイミングよく、その講師の話にうなずくのだ。すると講師は、いろいろと自分の懐をさらけ出して話してくれるようになる。

先日もあるプロジェクトリーダーの講演会で、これをおこなった。その講演会は、正直に言って最初は単調で退屈だった。ところが後半になると盛り返し、最後には笑いも出るようになっていた。これは私も含めた聴衆が、講師の話にちゃんとうなずいていたからだと思う。緊張のせいか最初は硬かった講師の表情が、どんどん明るくなっていく様子が、手にとるようにわかったものだ。

質問とは、言い方を変えれば「人に話してもらう」という行為である。どういう聞き方が相手にとって、「話しやすい」のかを知ることはとても重要である。話しやすい空気を作ることが、本質に近づくことにもなるのだ。

話しやすい聞き方の重要性

～なんだ
うん、うん

会話はインタラクティブなもの。インタラクティブ性を失うと途端につまらないものになる。

興味の見える化

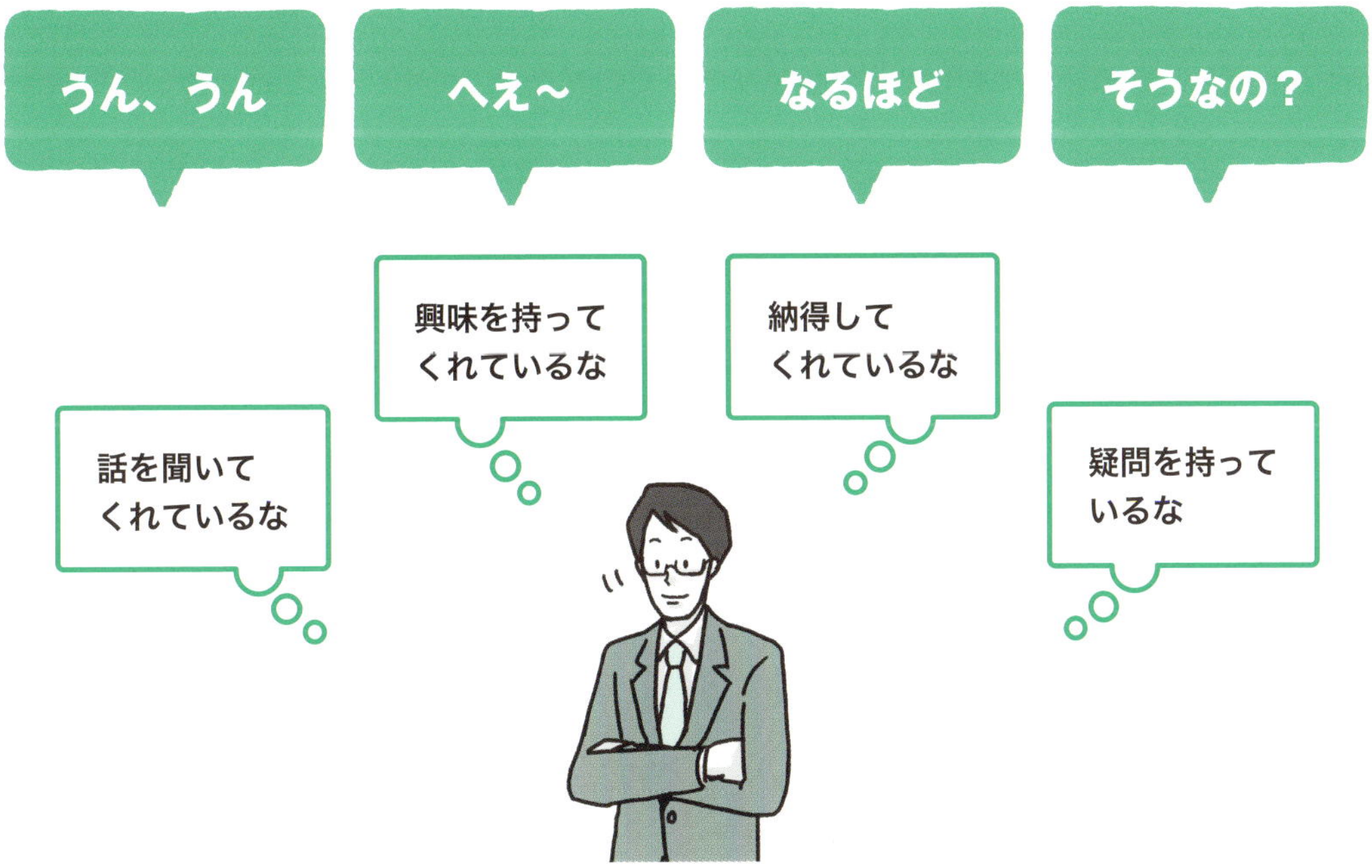
うん、うん
へえ～
なるほど
そうなの？
興味を持ってくれているな
納得してくれているな
話を聞いてくれているな
疑問を持っているな

31

相手に喋らせながら、会話の主導権を握る

話しの流れをつくる聞き手の技術

うなずきや短いコメントは、相手に話しやすくさせる機能があるだけではなく、聞き手が聞きたい話題を、話し手に話させるように仕向ける機能もある。いわば「気持ちの見える化」である。

たとえば話し手が「うちの会社は今ね、社員のワーク・ライフ・バランスの改善ってことで、男性社員の育休の取得推進とか、在宅型ワークの導入とか、転勤時のサポート制度の充実とか、まあいろいろやっているんですわ」と話したとする。

ここで聞き手が「へえ、男性社員に育休ですか？」と短くコメントすれば、その後の話題は育児休業制度の方に流れる。「転勤時のサポート制度の充実」に反応すれば、サポート制度の具体的な内容の話になるだろう。

表面上は、会話の主導権は話し手が持っているように見える。しかしうなずきや短いコメントによって、相手に喋らせながら会話の主導権を聞き手が握ることが可能になるのだ。

話し手の気持ちを読んでうなずく

この「うなずき」を媒介とした高度なコミュニケーションが話し手と聞き手の間で交わされているのが、漫才である。

漫才ではだいたい最近起きた事件や流行などの時事ネタから入る。そうしながら漫才師は、今日のお客さんがどの部分でうなずくか、笑うかを見極める。そしてお客さんの笑いのツボに合わせて、その日のネタに微修正を加えるわけだ。空気を読み、臨機応変に絶妙な対応ができる漫才師が、プロとして大成するのである。

そういう意味ではやはり漫才でも、主導権は漫才師ではなく観客が握っていると言える。「その話もっと聞かせてよ」「ここで私を笑わせて」と、うなずきや笑いによって、観客が漫才師をコントロールしているのだ。

このうなずきや短いコメントによって相手の話をコントロールするというスキルは、質問を通じて本質に迫っていくときに、非常に重要になる。いわば「本質の見える化」の手段でもあるのだ。

話し手の話を聞いていると、「思いつくままにいろいろ話しているけど、ココが彼が一番言いたいことなんだな」という部分が必ず出てくる。その部分では聞き手は、大きくうなずいてあげたり、「そうだね」と同意のあいづちを打ってあげる。

すると話し手は、「ここが自分が言いたいポイントなんだ」ということに気がつく。そしてそのポイントに意識を向けて、ポイントをさらに深める話をしていく。

聞き手のうなずきと短いコメントが、相手が本質に到達するための助け船となるわけだ。

聞き手が話の主導権を握る

聞く側の反応や質問が話の流れを変える！

気持ちの見える化

うちの会社は○○で
△△だから～
そうなんだ！
じゃあ□□は？
□□は～…

うなずきや短いコメントによって、聞き手が聞きたい話題を話し手に話させるように仕向け、会話の主導権を握ることができる。

本質の見える化

相手が一番言いたいポイントはここだろうなという部分で大きくうなずいたりすると、相手は自分の言いたかったポイントに気づく。
○○○は△△だから、
□□は～…
そうだね！
！

聞き手のうなずきと短いコメントが、相手の本質に到達するための助け船となる。

32 三つの「まとめる力」で本質に近づく

まとめる力① リピートの効用

まとめる力を分類すると、「リピート」「言い換え」「組み合わせ」になる。

リピートとは、オウム返しのことである。「あのときは本当につらかったんですよ」と相手が話したときに、「つらかったんですね」とそのまま返してあげる。相手の話をきちんと受け止めて聞いているというメッセージになるし、うなずきや短いコメントと同じように、使い方によっては話し手が本質に近づく呼び水となる。

まとめる力② 言い換えの妙

次にリピートよりもやや高度なスキルが「言い換え」。「あのときは本当につらかったんですよ」と相手が話したときに、「ああそうか。それがあなたの転機になったわけですね」と、違う言葉に置き換えてあげる。

相手の言葉を言い換えることによって、単に「つらかった」というだけだった体験が、人生の中でどういう位置づけにあるのかを相手が意識化する契機となる。本人が自分でも今一つ見えていなかったことが、言い換えられることで「つまりはこういうことなんだ」と気づくわけである。これも相手を本質に導くために、非常に重要なスキルである。

まとめる力③ 組み合わせてまとめる

そしてもう一つ重要なのが「組み合わせ」。

たとえば、住宅購入を考えている家族は、思いつくままにいろんなプランを口にする。そのプランの中には、当然矛盾することも含まれている。母親は、「上のお兄ちゃんは来年は中学生だから、一人部屋が必要よね」と言ったかと思えば、「子どもが家の中でなにをやっているか、親がわかるようにしたいわよね」なんてことを口にしたりする。

そこでハウスメーカーの営業マンの「組み合わせ力」が試される。

「それは矛盾してますね。無理ですよ」なんて答えてしまったら、身も蓋もない。

「なるほど。お子さんに自立を促しながらも、家族のコミュニケーションがきちんと図れる空間を作りたいわけですね」と一見相反する要望を、組み合わせるのだ。

すると母親は「自立を促しながらコミュニケーションが図れる家なんて、そんなことってできるの?」と営業マンに問い返すだろう。

それに対してプロの営業マンは、「たとえば子ども部屋のドアをなくして家具で仕切ることで、リビングと子ども部屋をつながりのある空間にするとか、いろいろ工夫はできますよ」と、具体的なイメージを提示してみせる。

組み合わせてまとめる力によって、最初は矛盾を含んだ思いつきでしかなかった相手のプランが、より本質へと近づいていくのだ。

まとめる力を身につける

3つのまとめる力で主導権を握る！

①　リピート

本当、つらかったんですよ〜

つらかったんですね

相手の話をきちんと受け止めているというメッセージになるし、話し手が本質に近づく呼び水になる場合もある。

②　言い換え

本当、つらかったんですよ〜

ああ、それがあなたの転機になったんですね

本人が自分でも見えていなかったものが、言い換えられたことにより、「こういうことなんだ」と相手を本質に導くことができる。

③　組み合わせ

そろそろ子どもに一人部屋を……

でもなにをやってるか親から見えるようにもしたいし……

なるほど。自立を促しながらもコミュニケーションが図れる…

一見相反する相手の要望を、組み合わせてまとめることにより、最初は矛盾を含んだ思いつきだった相手のプランがより本質へ近づいていく。

33

「鳥の目」と「虫の目」で緩急自在の質問を

相手に合わせながら話の全体に目を配る

インタビューのときに、話が盛り上がるのは悪いことではない。ツボを押さえた質問ができていて、相手がインタビューに前向きに参加してくれているという証拠である。

しかし、駆け出しのコンサルタントや営業マン、雑誌記者などがしばしば犯しがちな失敗がある。一部分の話だけですっかり盛り上がってそこばかりを質問してしまい、全体への目配りを欠いてしまうということだ。

駆け出しの雑誌記者が「我が社の人材育成論」というテーマで中小企業の社長のところにインタビューに行ったところ、今どきの若者論で大いに盛り上がった。「今日はいい話を聞けたなあ」と思いながら編集部に戻り、「さあ原稿を書くぞ」という段階になって、はたと困ってしまう。もっとも大切な、なぜその企業の若手社員の在籍年数が長いのかについての施策を聞いていなかったのだ。

俯瞰と細部で意識的に質問を振る

質問をするときに忘れてはいけないのが、「鳥の目」と「虫の目」である。

鳥の目とは、大空を飛ぶ鳥のように、高い視点から物事を俯瞰《ふかん》する目。また虫の目とは、対象物に近づき、細部にまで視点を行き届かせる目のことである。これらは、本質がどこにあるのか「あたり」をつけるために、実に大切なアプローチである。

議論が細部に集中したときには、一度全体に戻す質問をする。たとえば人事部の担当者を相手に、コーチング研修のあり方についてのかなり突っ込んだ応答が続いたとする。そんなときはいったん、研修制度全体の中でのコーチング研修の位置づけを再確認する質問を振ってみる。「ちょっと待ってよ。全体の中での位置づけを考えないと、コーチング研修だけが突出したものになってしまうんじゃないの？」などと問いかけるわけである。

一方、サプライチェーンマネジメントの構築といった話をするときには、どうしても視点がマクロになりがちである。企画、開発、設計、調達、生産、物流、メンテナンスの流れの中でのリサイクル化の重要性は理解できたとして、そこでシステムを現場レベルに落としたときにはどう機能するかを、具体的にイメージさせるような質問を振る。「部品調達システムの重要性は理解しましたが、セットメーカーへの納品、そのセットメーカーの部品リサイクルシステムにおける統合部品表、そしてそのデータベースについてはどこまでお考えですか？」などと問いかけるのだ。

そうやってインタビュアーは、意識的に質問を虫の目から鳥の目、鳥の目から虫の目へと振っていく。これによって相手は鳥の目と虫の目の両方の視点を獲得でき、モノの見方が鍛えられていくのである。

鳥の目と虫の目の両方の視点を持つ

鳥の目

大空を飛ぶ鳥のように、高い視点から物事を俯瞰する目。

虫の目

対象物に近づき、細部にまで視点を行き届かせる目。

2つの目を
持つことで
モレ・ダブリが
なくなる！
質問
質問
！

質問を意識的に「虫の目➡鳥の目」、「鳥の目➡虫の目」へと振っていくと相手は両方の視点を獲得でき、モノの見方が鍛えられていく。

34

点から面へ展開し、面から点に落とし込む

現場には点から　トップには面から質問する

一般に、現場に近い人ほど、虫の目でモノを見る傾向があり、トップマネジメントの立場にいる人ほど、鳥の目で見る傾向がある。

現場の営業マンは、「あの店長、なかなかうちの商品を購入してくれないよ」といったことが一番の悩みの種だし、上場企業のトップは「事業間のシナジーをいかに創出するか」といったことに日夜頭を働かせている。

そこで現場に近い人にインタビューするときは虫の目レベル、つまり「現場で感じること」や「現場でなにが起きているか」についての具体的な質問から展開していく。そして「組み合わせてまとめる」などのスキルを使って、矛盾を整理して要点を抽出しながら組み合わせることで、徐々に質問の抽象度を上げていく。これを帰納法的アプローチという。

また何人かの現場担当者からの話を聞いていくプロセスで、「多くの現場では、今こういう問題に直面している」という共通項が見えてくる。現場の一人ひとりへのインタビューは点に過ぎないが、その点を積みかさねていくことで、面にすることができる。

一方トップに近い人は鳥の目を持っているから、点ではなく面から質問することができる。一つひとつの現象に気を取られることなく、いきなり抽象度の高い議論、本質的な議論から入ることができるわけだ。

「本質らしきもの」を点で検証する

そういう意味では本質をつかもうと思えば、トップにインタビューすればそれで済む。しかし面は点から構成されている。やはり点をおろそかにすることはできない。

トップに抽象度の高い質問を続けているうちに、「本質らしきもの」が見えてきたとする。すると今度はその「本質らしきもの」が本当に「本質」であるかどうかを、やはり質問を通じて、個別の事柄に落とし込んで検証してみる必要がある。

つまり、「あたり」を付けてから、「本質検証」をおこなうのである。

たとえば「売上低下はチャネルマネジメントの弱体化による」という「本質らしきもの」が見えてきたとする。そこで本当にそれが問題の本質なのかを、代表的な代理店の部長クラスに聞いてみる。するとチャネルよりは商品力の低下が売上低下の原因であることが判明したりするのだ。

この「本質らしきもの」は「本質」ではないことがわかる。こうした議論の手続きを、演繹法的アプローチという。

帰納法的アプローチも演繹法的アプローチも、大切なのは客観性、論理性だ。「見える化」してから、「論理的な質問」に仕立て上げる。そして、質問を点から始めたら面へと展開、面から始めたら点へと落とし込むのだ。

帰納法的アプローチと演繹法的アプローチ

2つのアプローチの使い分けができると質問力はアップする！

帰納法的アプローチ

現場に近い人

虫の目でモノを見る
傾向がある。

現場に近い人に質問するときは虫の目レベルの具体的な質問から徐々に抽象度を上げていく。

演繹法的アプローチ

トップマネジメントの立場にいる人

鳥の目で物事を考える
傾向がある。

鳥の目レベルの抽象度の高い質問から見えてきた「本質らしきもの」が本当に「本質」であるか個別の事柄に落とし込んで「本質検証」する。

35

質問とリアクションにバリエーションを

矛盾をついて本質に近づく

インタビューでは、質問を重ねていくと、相手は矛盾したことを言っているのに、その矛盾に本人が気づいていないことが多い。

このときの対応法として、まず一つは前述したハウスメーカーの営業マンのように、矛盾を組み合わせてまとめることで要点を抽出し、本質に迫っていくという手法がある。

そしてもう一つが、相手の矛盾を鋭くついていく方法だ。法廷サスペンスの映画を思い浮かべてもらうとよいだろう。検事が鋭い質問によって被告の弁論の矛盾をつき、アリバイを崩していくシーンだ。

それと同じように、インタビューで相手の話に矛盾が見られる場合は、その矛盾をつくような質問を投げかける。そうして、論理の矛盾を本人に気づかせ、本質に迫っていくのである。

状況に合わせて自在に返す

もちろんビジネスの場でのインタビューは、検事と被告の対決の場ではないから、いつもいつも矛盾を鋭くつく詰問調になってしまったら、相手は嫌気がさしてしまうだろうし、関係も悪化するだろう。

大切なのは、質問のバリエーションを豊かにすること。カウンセラーのように傾聴と共感を持って相手の話を聞くことができる一方で、幽体離脱をして客観的な立場から相手に質問できる視点も確保しておく。

また厳しく鋭い質問を続けた後に、ふっとやさしい言葉を投げかけてみる。すると相手はくらっと心が揺らいで、つい本音を喋る。犯人を自白させるのに長けた老練な刑事のようなそんなテクニックも、ぜひ磨いておきたいものだ（私もなかなかできないが……）。

さらに相手が答えを返してきたときのリアクションにもバリエーションが大切。

トヨタで実践されている「なぜなぜ五回」というのは、現場で問題が発生したときに、「なぜこの問題が起きたのか」「それは○○だったから」「なぜ○○だったのか」「それは△△だったから」「ではなぜ△△になったのか」というふうに、「なぜ？」を五回繰り返すことで問題の真因に迫る手法のことである。

これをインタビューでの質問相手に対しても用いる。相手が答えを返してきたときに、「なるほど」で終わらずに、相手が答えられなくなるまで、つまり真因に達するまで「なぜですか」と突っ込んでみる。

でも一方で、相手がズバリ本質を述べたときには、余計な質問はせずに「わかります」とひと言言えばいい。するとお互い「モノがわかる人間」としての信頼関係が深まる。

本質に迫るための質問ができる人は、そのような緩急自在の質問術を身につけているものである。

質問のバリエーションを豊かにする

1. 相手の矛盾を組み合わせてまとめ、要点を抽出して本質に迫っていく手法。

2. 相手の矛盾をつくような質問をして論理の矛盾を気づかせて本質に迫っていく手法。

3. 傾聴と共感を持って相手の話を聞く。

4. 幽体離脱をして客観的な立場から質問を投げかける。

5. 鋭く厳しい質問を続けたあとにふとやさしい言葉をかける。

リアクションのバリエーションも豊かにする

真因に達するまで突っ込む → **本質が出たら余計な質問はしない**

なぜですか？

答え

なぜですか？

答え

わかります

本質

36

語彙力を磨かないと、本質を突いた質問はできない

微妙だが、本質的な違いを識別するための語彙力

言うまでもなく「質問」とは言語によっておこなわれる活動である。だから質問力を高めるためには、語彙力を高め、語感の持ち駒を増やす必要がある。

語彙力や語感力を鍛えれば、微妙な違い、本質的な違いを判別する力が身につくようになるし、それを表現できるようにもなる。たとえば、トップソムリエのように。

一流のソムリエはワインの香りを嗅いだときに、「これはユーカリの木の香りのような匂い」「これはパッションフルーツの香り」「これは草を刈ったときの香り」というように、微妙だが、本質的な香りの違いを的確に嗅ぎ分けて言葉に変換できる。

香り同様、春夏秋冬、四季という季節の表現も、細分化することで感性が高まり、より表現力豊かに表すことができる。左の図は、二十四節気を書き出したものである。二十四節気とは、季節を春夏秋冬に分け、さらにそれぞれの季節を六つの期間に分けたもの。

昔の人は、「啓蟄《けいちつ》」と聞けば、春に冬眠をしていた虫が穴の中から出てくる時期特有の空気感や光、風を頭の中に思い浮かべることができた。「雨水《うすい》」の時期と「啓蟄」の時期の空気感の違い、「啓蟄」の時期と「春分」の時期の光の強さの違いを、微妙に感じ分けることができていた。なんとすごいことだろう。

相手の頭の中のイメージを言葉に変換してあげる

こうした微妙だが、本質的な違いを識別できる能力を身につけておけば、インタビューのやりとりの中でも、相手が微妙にニュアンスの異なる言葉を発したときに、それを鋭く感知することができる。

そうした微妙なニュアンスの違いを表現する必要があるようなテーマは、相手の大きな関心事であることも多い。そのテーマに向かって深く掘り下げた質問をするには、言葉の感性、言語の感覚といった語感力も求められるのだ。

相手の話を聞きながら、その話を頭の中で順序立てたり、組み合わせたり、比較したり、分類したりしているうちに、「彼の言いたいことはこれじゃないか！」とか「この問題の本質はここにあるんじゃないか！」というイメージが浮かんできたりする。そして、その「これじゃないか！」というイメージや「あたり」を、的確な質問として置き換えられるようになる。

インタビュー相手が「なんて表現すればいいのかなあ。うまく言葉にするのが難しいんだけど、こんなイメージで……」と苦しんでいるときに、そのイメージを言葉に変換して、「つまりこういうことじゃないですか？」とパッとキーワードにして出せるようになるわけだ。

本質的な違いを識別できる能力を身につける

例）二十四節気

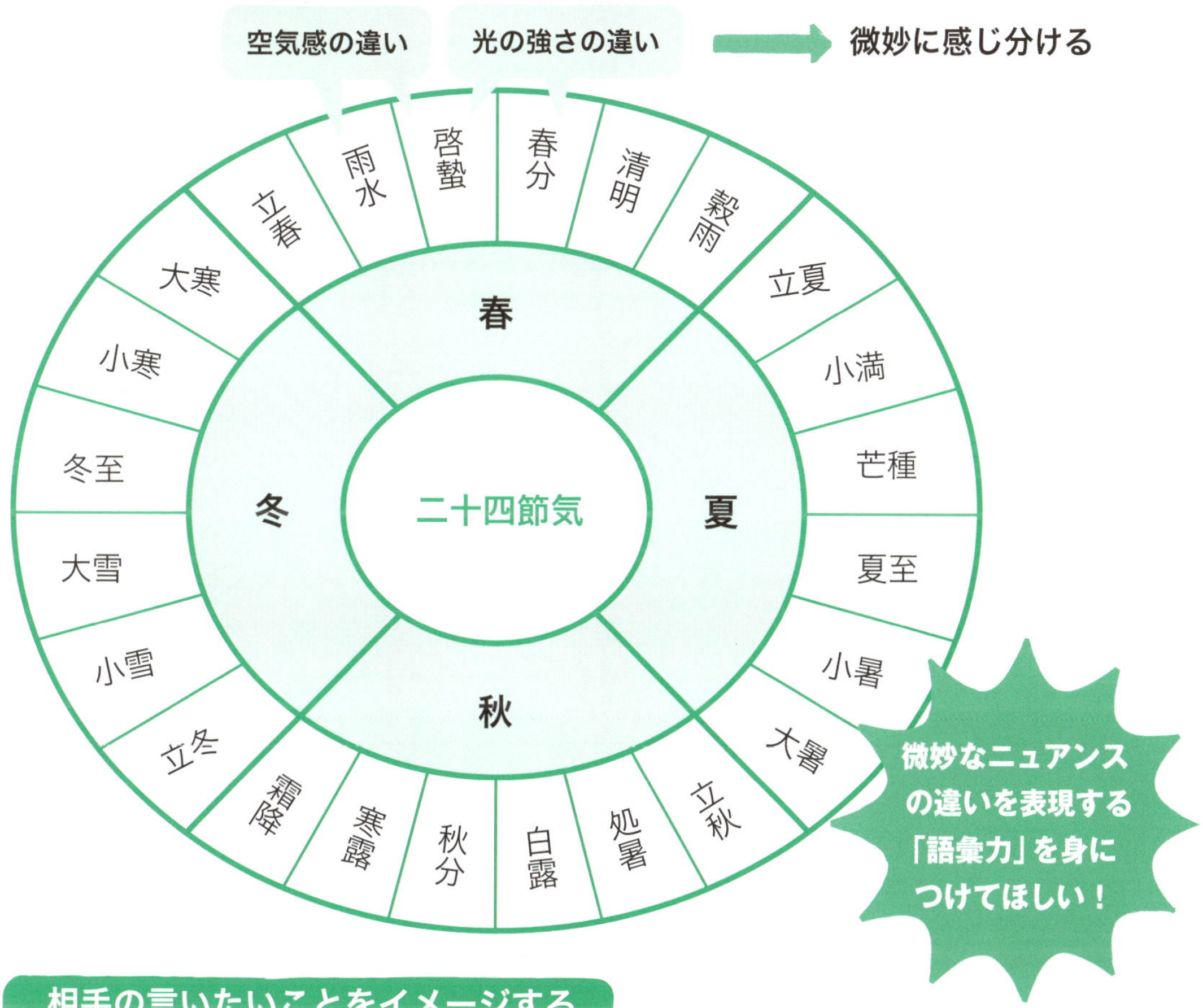
空気感の違い
光の強さの違い
微妙に感じ分ける
二十四節気
春
夏
秋
冬
立春
雨水
啓蟄
春分
清明
穀雨
立夏
小満
芒種
夏至
小暑
大暑
立秋
処暑
白露
秋分
寒露
霜降
立冬
小雪
大雪
冬至
小寒
大寒
微妙なニュアンスの違いを表現する「語彙力」を身につけてほしい！

相手の言いたいことをイメージする

順序立てる
組み合わせ
比較する
A
B
分類する

テーマに向かって深く掘り下げた質問をするには、言葉の感性、言語の感覚といった語感力も求められる。質問力を高めるためには、語彙力を高め、語感の持ち駒を増やす必要がある。

37 探究心と自分で考える習慣を持とう

「言葉の運用能力」を磨く

誤解のないようにつけ加えておくと、語彙力とは単に「たくさんの言葉を知っている」ということではない。たくさんの言葉を知っていることは語彙力を構成している大切な要素の一つである。だがそれとともに、たくさんの言葉の中から本質的な言葉を見つけ出したり、ある言葉やイメージをより本質的な言葉に変換したりといった、「言語の運用能力」を持っていることも不可欠だ。

「語彙力や語感力がある人って、どんな人ですか」と聞かれたら、私の頭の中に思い浮かぶのは、稲盛和夫、立花隆、大前研一、高橋俊介、中谷彰宏、ヘンリー・ミンツバーグ、ピーター・ドラッカー、ジャック・ウェルチ、アブラハム・マズローといった人たちである。

彼らに共通しているのは、まず本質を求める探求心。そして自分で考える習慣である。この二つがあるから、誰かが語った何気ない一言や、世の中のさまざまな現象、専門分野の世界で繰り広げられている高度で複雑な議論などの中から、本質を抽出し、自分の言葉として表現することができているわけである。

たとえば、前述の立花隆。彼は自然科学の専門家ではない（出身大学の東京大学では、フランス文学と哲学を専攻した）。しかし高度専門化した自然科学の理論に対して、その本質はなにかを自分の頭で考え、自分の腑《ふ》に落ちるところにまで納得したうえで、自分の言葉で表現している。だから私たちは彼の著書によって、先端科学の理論をわかりやすくかつ本質的な形で知ることができるのである。

できるコンサルタントは明確な言葉で本質を語る

そしてもちろん大前研一をはじめとした優秀な経営コンサルタントも、豊かな語彙力や語感力を持っている。

できるコンサルタントというのは、自分が過去に携わったプロジェクトについての整理・体系化ができているものだ。「あのケースで人事制度の再構築が成功した本質的な理由はなにか?」とか、「AとBとCのケースから抽出できる共通原理とは?」といったことを、曖昧なイメージではなく明確な言葉で語る語彙力・語感力を持っている。

さらに自分の経験だけではなく、書籍や雑誌などからの情報収集も怠らない。しかも単に情報をインプットするだけではなく、「雑誌に書かれていた企業の事例の本質的な課題はなにか」とか、「彼の主張の本質はどこにあるか」といったことを常に考え、それを言語化する訓練をしている。

この言語による整理・体系化ができているからこそ、新たなプロジェクトに関わるときも、豊富な蓄積の中から最適なベストプラクティスを選び出すことができる。そして優れた質問により本質に迫ることができるのだ。

語彙力や語感力のある人とは

たくさんの言葉を知っている

言語の運用能力

語彙力
語感力

考える習慣

情報収集時なども、常に考えそれを言語化する訓練をする。

本質を求める探究心

本質はなにか、自分の腑に落ちるところまで探求する。

「言語の運用能力」の強化には、語彙力・語感力を持った人をまずはマネることから始めるべし！

言語による整理・体系化ができていると、新たなプロジェクトに関わるときも、豊富な蓄積の中から最適なベストプラクティスを選び出すことができる。

38

質問は短く、本質を凝縮した「ワンメッセージ」に！

エレベーターに乗ってから降りるまでの間に……

商談で、「五分で要点を話してね」と顧客が要求しているのに、一〇分以上かかる営業マンがいる。話が長いということは、ムダが多いということである。ムダが多いということは、本質に到達するまでに手間がかかるということである。こうした人たちは質問の際にも、いったいなにが聞きたいのかが一向に見えてこない、ダラダラした質問をしがちだ。

　こちらの意図が相手に瞬時に伝わる本質的で簡潔な質問をするには、文脈のぜい肉を削ぎ落とし、絞り込み、凝縮させなくてはいけない。言わば、「ワンメッセージ化」である。

「エレベーター・ステートメント」という言葉がある。これは起業家たる者は、ベンチャーキャピタリストとエレベーターに乗り合わせたときには、エレベーターに乗ってから降りるまでの間に事業の構想を説明できるようにならないといけないという意味である。

　P&Gでは、「三〇秒ステートメント」が企業文化になっている。トップや上司に意思決定を仰ぐときに、以下のような論理展開で簡潔なプレゼンテーションをするのだ。

「現状の最重要課題は〇〇です。今期の我々の目標は△△です。課題を踏まえて、目標を達成するための実現策は三つ考えられます。一つめは〇〇、二つめは△△、三つめは××です。三つの実現策のメリット、デメリットを検証すると、◎◎のようになります。よって、二つめの△△を提案します。意思決定をお願いします」

　素晴らしい！　これがロジカルプレゼンテーションの基本の「き」だ。まさに「ワンメッセージ文化」である。

本質をつかめる人はエンターテイナーになれる

　短くシンプルに話すトレーニングは、日常業務の中に取り入れることがいくらでも可能である。上司への報告は必ず一分以内にまとめる。会議での発言は一回につき三〇秒以内で簡潔に述べる。これを徹底するだけでも、ぜい肉を削ぎ落とした本質的なスピーチをする能力は驚くほどに向上するはずである。

　文脈を凝縮して話す能力を磨くことは、文脈を凝縮して質問する能力を磨くことにもつながる。エッヂが立ったメッセージ、文脈の流れが、本質を掘り出す質問となるのだ。

　こうして本質力は、「見える化」「論理的」「絞り込む」ことを通し、語彙力、語感力によって磨き上げられ、最終的にはこの文脈を凝縮する「ワンメッセージ化」の力に帰結するのである。

「ワンメッセージ化」の力を持つ人は、場の見える化と論理的整理、そして内容の絞り込みをスムーズに行い、全体を「華麗なるワンメッセージ」で終幕へと持っていける「エンターテイナー」となるのだ。

ワンメッセージで伝える力をつける

本質的で簡潔な質問をするには、文脈のぜい肉を削ぎ落とし、絞り込み、凝縮させて「ワンメッセージ化」させる。

ワンメッセージ化できるようトレーニングする

ワンメッセージ化とは本質化・凝縮化を意味する！

- **1分** 上司への報告は必ず1分以内にまとめる
- **30秒** 会議での発言は1回につき30秒以内で簡潔に述べる

文脈を凝縮して話す能力を磨くことは、文脈を凝縮して質問をする能力を磨くことにもつながる。

「本質力」を鍛える 8つのポイント

1

「なぜ」を繰り返し質問することで、本質が見えてくる。

2

うなずきと短いコメントで話しやすい空気を作ると、本質に近づける。

3

一見相反する答えでも、組み合わせてまとめると、より本質へ近づく。

4

質問の視点を、「虫の目」から「鳥の目」、「鳥の目」から「虫の目」へ意識的に変える。

5

矛盾をつく質問で、相手に矛盾を気づかせ、本質に迫る。

6

相手が本質を述べたら、「わかります」とひと言って、余計な質問はしない。

7

テーマを深く掘り下げた質問をするには、語彙力、語感力を磨く。

8

文脈のぜい肉を削ぎ落とし、質問を「ワンメッセージ」に凝縮する。

第4章

「シナリオカ」

で、
質問の目的を
達成する

39

話が脱線しないように質問のシナリオを作る

シナリオにアドリブを組み合わせる

コンサルタントの質問力、三つめの能力は「シナリオ力」である。大きな流れを読み、ゴールに向けて適切な質問をしていく能力だ。この能力がないと、話が脱線してしまったり、いつまでたっても結論が出ない、ということになりかねない。

インタビューでは、事前に質問項目を洗い出し、質問の順番や流れについてのシナリオを作っておくことが大切だ。

しかしいくら相手のことをよく勉強して事前準備を重ねたとしても、本番ではこちらが予想もしていなかった答えを相手は返してくるものだ。結局のところインタビューは、その場その場で質問を決めていくアドリブ力がモノをいう。

しかしこれは、まったくシナリオを立てずに場当たり的に質問をしてもいいということではない。あくまで仮説を立てていることが大前提である。

次にするべき質問を二つか三つに絞り込み、それぞれの質問をしたときのシナリオを立ててみる。そして候補の中からもっとも効果的だと思われる質問を選び出し、決断する。もちろんインタビューは即応性が求められるものだから、こうした判断は瞬時におこなわなくてはいけない。

問題を考えるときに役立つ枠組み

そのための便利なツールがある。コンサルタントの伝家の宝刀、フレームワークである。

フレームワークとは、ものすごく簡単に言ってしまえば、問題を整理して考えるときに役に立つ「枠組み」のことである。たとえば、組織の強み、弱み、機会、脅威をマトリックスにして分析するＳＷＯＴ分析は、もっとも代表的なフレームワークのツールである。

フレームワークのツールにはこのほかにも、顧客ポートフォリオ分析、ＰＰＭ分析、コア・コンピタンス分析、戦略オプション・マトリックス、バリューチェーン分析、ＡＩＤＭＡ、３Ｃ（カスタマー／コンペティター／カンパニー）分析、４Ｐ（プロダクト／プライス／プレイス／プロモーション）分析、５Ｆ（競合／サプライヤー／顧客／代替品／新規参入）分析など、一つひとつ説明すればキリがないほどたくさんある。

また、第2章ではロジックツリーを一括りで紹介したが、ロジックツリーも、「なぜ？」と問うことで原因を探っていくＷＨＹツリーや、「どのように？」と問うことで解決策を見つけ出すＨＯＷツリー、「なにを言う？」というＷＨＡＴツリーなどに細分化される。

ロジックツリーとフレームワークをうまく組み合わせれば、質問のシナリオを作ったうえで、即応的なアドリブによって最適な質問を投げかけることが可能になる。

フレームワークを使って、一番効果的な質問を選び出す

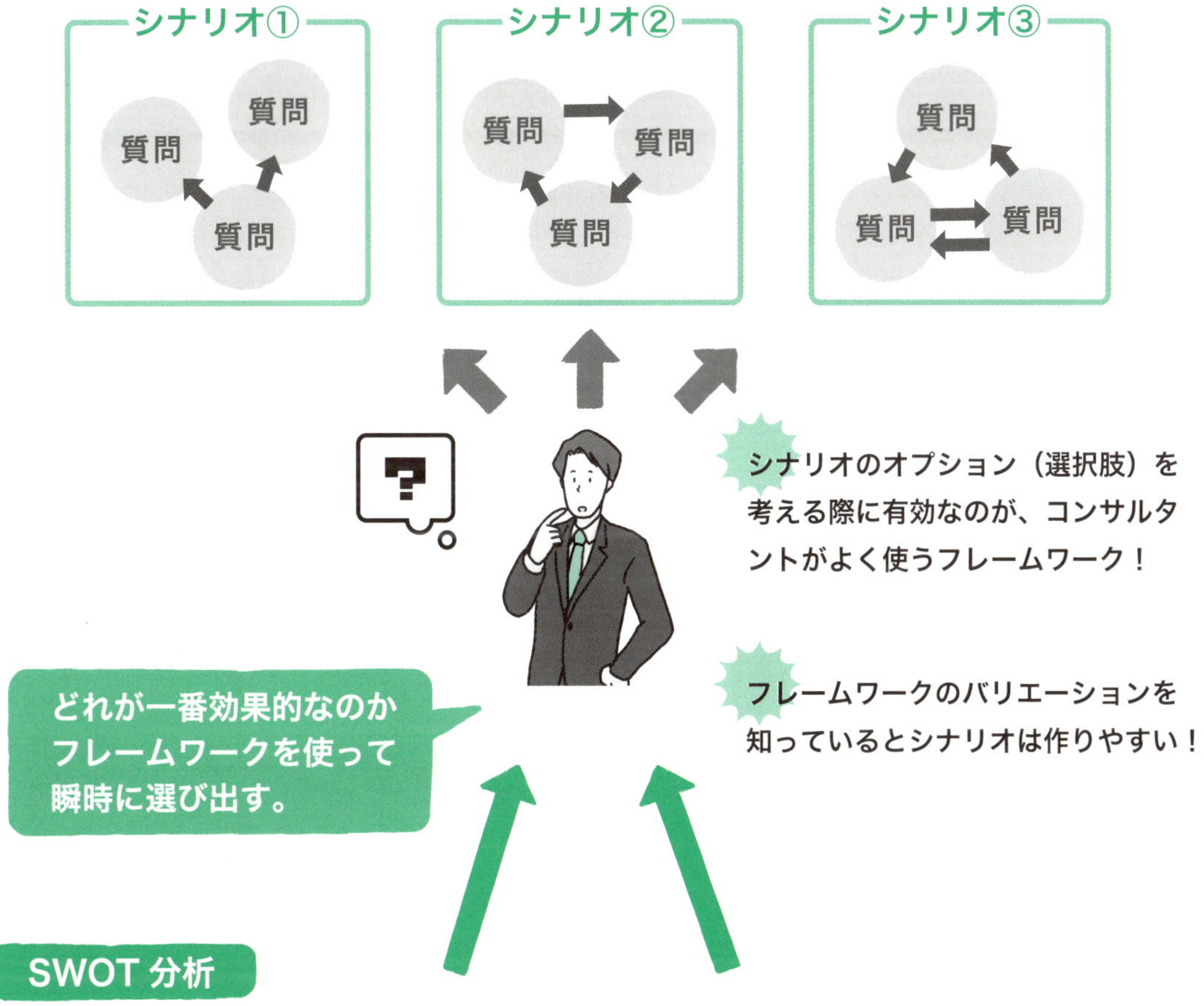
シナリオ①
質問
質問
質問
シナリオ②
質問
質問
質問
シナリオ③
質問
質問
質問
シナリオのオプション（選択肢）を考える際に有効なのが、コンサルタントがよく使うフレームワーク！
フレームワークのバリエーションを知っているとシナリオは作りやすい！
どれが一番効果的なのか
フレームワークを使って
瞬時に選び出す。

SWOT 分析

シンプル SWOT 分析

S 強み strength	O 機会 opportunity
W 弱み weakness	T 脅威 threat

それぞれのマトリックスの中に自社や自分の状況を書き出していく。

クロス SWOT 分析

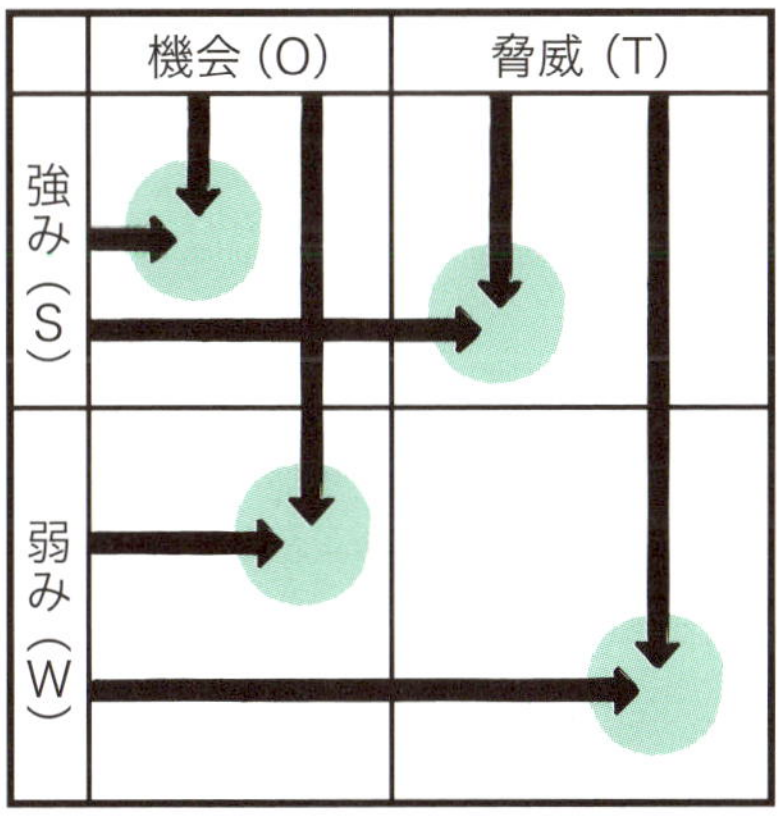
機会（O）
脅威（T）
強み（S）
弱み（W）

それぞれの項目をクロスさせることで採るべき戦略仮説を考える。

40 フレームワークを使って、次の質問を生み出す

相手の話を聞きながら、客観的に整理する

インタビューではフレームワークを頭の中に思い浮かべながら次の質問を考える。つまり、フレームワークで全体像を確認し、今いる「場」のポジショニングを客観視するのだ。

プロのコンサルタントのほとんどは、自然とこれらができるものである。コンサルタントはフレームワーク思考で物事を考える訓練を、新人の頃から徹底的に受けるためだ。だからインタビュー中にとるメモも、３Ｃ分析、４Ｐ分析、ＳＷＯＴ分析やらＰＰＭ分析などのフレームワークだらけになる。

たとえば相手の話を聞きながら、「今の彼の話をＳＷＯＴ分析の四象限に位置づけると、強みと機会についてだな」などと考える。「では弱みと脅威に関しては、彼はどう考えているのだろうか。次はこの点を質問してみよう」と判断するわけだ。

また相手に対しても、「今あなたが話されたことは、御社の事業の強みと機会に関してですね」とフレームワークを使ってサマリーしてあげることで、インタビュー相手も自分の頭の中を整理できる。

もちろん状況に応じては、ＳＷＯＴ分析以外の違うフレームワークを持ち出したり、これまで四象限に書き込んできた分析結果の全面的な書き換えをおこなったり、といったことも臨機応変にできる。４Ｐ分析とＳＷＯＴ分析を組み合わせたり、３Ｃ分析とロジックツリー、５Ｆ分析とロジックツリーを組み合わせることも十分あり得る。一つの頭の中に、同時に複数のフレームワークを思い描きながらインタビューを進めるのだ。

質問の迷子にならないために

ロジックツリーやＳＷＯＴ分析といった有名なフレームワークは、コンサルティングやマーケティングの現場で長年使われ続けてきたものばかりだ。物事をモレなくダブリなく整理して考えるうえで優れたツールだ。フレームワークについて書かれた書籍はたくさんあるので、ぜひ勉強して使いこなせるようになってほしい。

ただしプロのコンサルタントは、フレームワークを教科書通りに使っているわけではなく、自分なりの改良を重ねている。またテーマや場によってその都度アレンジを加えることもできる。そうしたレベルにまで達して、ようやく「フレームワークのツールを使いこなせている」と言えるだろう。

人は初めての場所でも、地図を手にしていれば迷うことなく歩くことができる。インタビュアーもフレームワークを手にしていれば、自分の質問と相手の答えの位置づけを確認しながら応答ができる。質問の迷子になることがない。フレームワークは、インタビュアーにとっての地図なのである。

頭の中にフレームワークを描きながらインタビューする

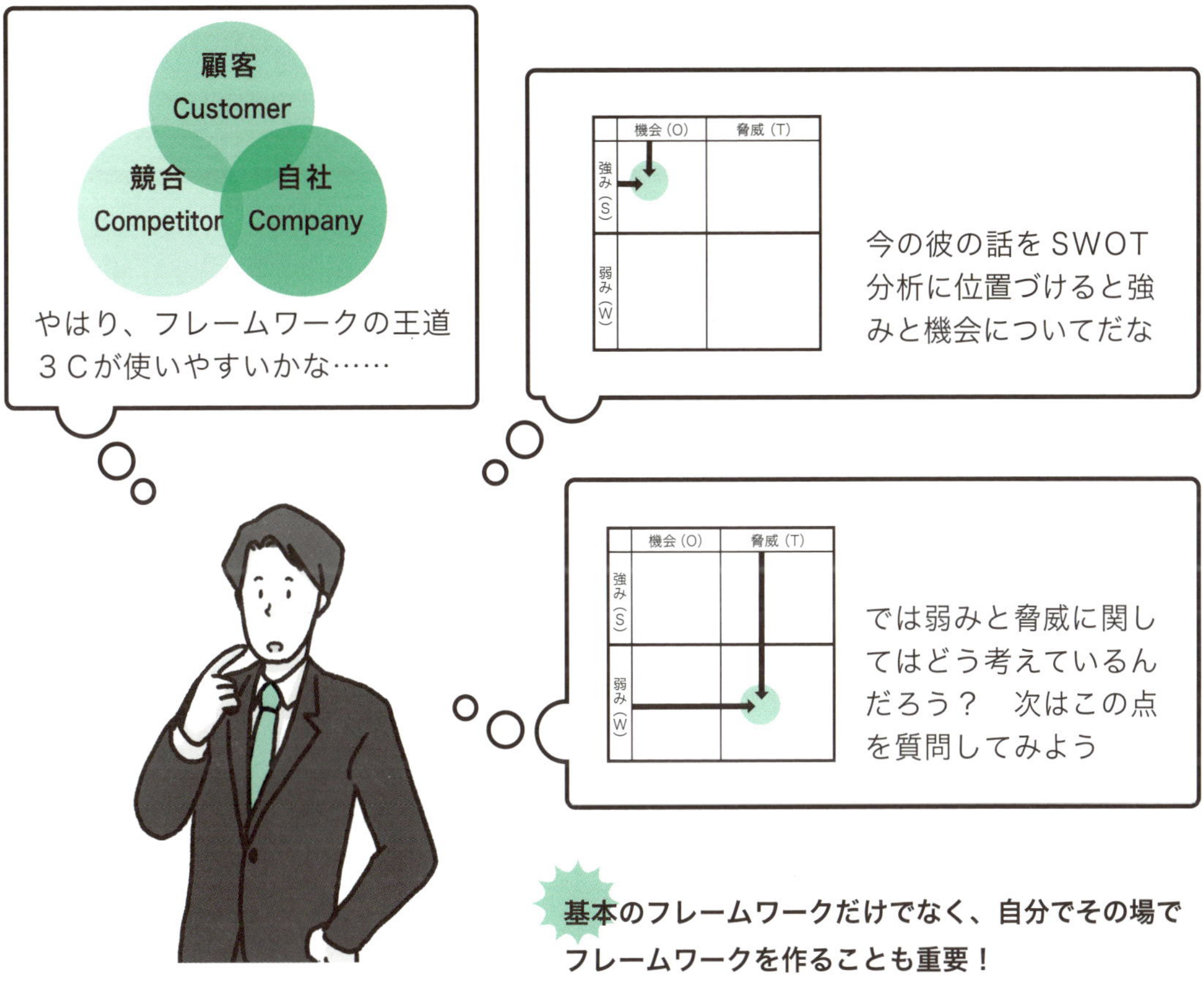
顧客
Customer
競合
Competitor
自社
Company
やはり、フレームワークの王道３Ｃが使いやすいかな……
機会（O）
脅威（T）
強み（S）
弱み（W）
今の彼の話をSWOT分析に位置づけると強みと機会についてだな
機会（O）
脅威（T）
強み（S）
弱み（W）
では弱みと脅威に関してはどう考えているんだろう？　次はこの点を質問してみよう
基本のフレームワークだけでなく、自分でその場でフレームワークを作ることも重要！

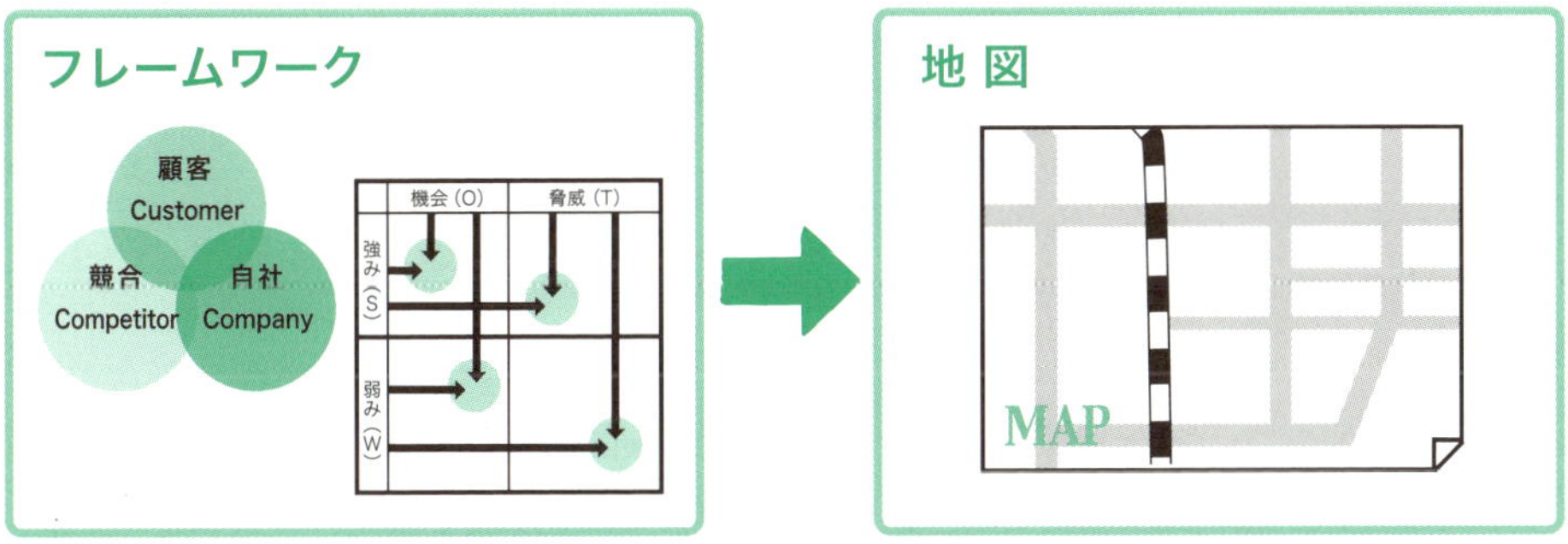
フレームワーク
顧客
Customer
競合
Competitor
自社
Company
機会（O）
脅威（T）
強み（S）
弱み（W）
地 図
MAP

フレームワークがあれば自分の質問と相手の答えの位置づけを確認しながら応答できる。インタビュアーにとって、フレームワークは地図なのだ。

41

感動と共感を呼ぶシナリオ作り

整っているだけのシナリオはいらない

映画にせよテレビドラマにせよ、良いシナリオは矛盾がないことが条件となる。サスペンスはその最たるもので、トリックに矛盾が見つかるとそれだけで観る気が失せる。

しかし矛盾がなければ良いシナリオかというと、そんなことはない。人は映画やドラマに、感動や涙や笑いといったカタルシスを求めている。病院のカルテみたいに必要事項だけを書き込んだシナリオは誰も求めていない。

質問におけるシナリオにも感動が必要だ。質問をしてそれに答えてもらうプロセスの中で、インタビューの対象者自身でさえこれまで言語化できていなかった潜在的な問題意識や感情が引き出せる瞬間がある。こうした言葉を引き出せたときは、本人にとってもインタビュアーにとっても大きな発見であり、感動である。

双方で答えを見つけ出したときの感動も大きい。コンサルタントにとってインタビューとは、「本質的要因はなにか」の仮説を立て、その仮説をクライアントと一緒に検証しながら本質を探り当てていく〝旅〟のようなものである。その旅の果てに、答えが見つかったときの喜びは、なにものにも代えがたい。

さらにインタビューの最終目標は相手に行動を促すことである。インタビューでの質問を通じて問題の本質と解決策に気づいた相手が、インタビューが終わったときには新たな目標に向かって意欲的に行動を起こせる状態になるように仕向けなくてはいけない。これもインタビューが、いかに相手にとって有意義なものであったかにかかっている。

決まりきった質問では「共感」は得られない

では、質問項目をあらかじめ定め、それ以外の質問はまったくしないという形でインタビューをしたらどうなるだろう。もちろん相手は答えてはくれるはずだ。だがそこで得られる答えは、わかりきった、ありきたりな浅いものである。そのありきたりな答えをフレームワークを使って整理し、結論らしきものを出すことも可能ではある。

しかしクライアントはそれでは納得しない。その程度の結論ならば、事業に携わっている自分たち自身が一番よく知っている。クライアントが知りたいのは問題の本質であり、本質を踏まえた目標や戦略の再構築である。そのためのインタビューなのだ。

だからインタビュアーに求められるシナリオ力は、単に矛盾のないシナリオを書くことではない。相手から言葉を引き出し、練りあげ、ほかの言葉と組み合わせ、気づきをもたらし、削ぎ落とし、大団円へとドラマを盛り上げていく。相手への共感を元に、豊かなストーリーを含んだインタビューのシナリオをデザインする能力が求められているのである。

求められるシナリオ力

「本質的要因」
仮説

整っているだけのシナリオではなく、途中で動きがあり、シナリオ自体をアドリブで動かすことを意識したい！

コンサルタントにとってインタビューとは、「本質的要因はなにか」の仮説を立て、その仮説をクライアントと一緒に検証しながら本質を探り当てていく“旅”のようなもの。

旅の果て

本 質

最後は、感動と共感を呼ぶ場を共につくり、共に目的を果たすシナリオが理想！

さらに、質問を通じて問題の本質と解決策に気づいた相手が、新たな目標に向かって意欲的に行動を起こせる状態になるように仕向けなくてはならない。

42

複数の質問候補の中から次の一手を選び取る

「長いシナリオ」と「短いシナリオ」

インタビューは、質問→答え→質問→答えの連続である。相手の答えの中から、次に投げかけるべき質問を聞いているうちに、相手の答えを聞いているうちに、「彼が今話してくれている話題の中から、Aのことについて聞きたい。Bについても聞きたい、CやDやEについても聞きたい」ということが起きる。

そこでAとBとCとDとEのうち、なにを質問するかによって展開はまるで違うものとなる。複数の質問候補の中から、インタビューの目的（本質的な答えを見つけ出す！）に近づくための適切な質問を選び取らなくてはいけない。

そこで必要になるのが、「長いシナリオ」と「短いシナリオ」である。長いシナリオでインタビューの大きな流れを読みながら、短いシナリオでフレームワークを頭に描きつつ、次に攻めるべきポイントを定めていく。

「まずCについて質問しよう。それでCを深掘りした後、納得のいく答えが得られなかったらAに飛んでみよう」

というように、質問の戦略を組み立てていくわけだ。これができないと行き当たりばったりの質問になってしまう。

長いシナリオは、いわば「面」や「鳥の目」のシナリオであり、短いシナリオは、「点」や「虫の目」のシナリオと言える。この組み合わせが大切だ。まずは、長いシナリオ、面、鳥の目で仮説をシナリオ化し、その後、アドリブレベルで点、虫の目レベルを前面に出せばいいのだ。

質問がうまくできない二つの原因

ところが質問下手な人の場合、フレームワークを頭に思い浮かべながら相手の話を聞いていても、次にしたい質問が一つか二つしか浮かばないということが少なくない。インタビューの目的に近づくための質問を選択しようにも、選びとる余地がないのだ。しかも、シナリオの長さや大きさも単調でつまらない。変化球なし、共感なし、当然、感動なしだ。極端なケースでは、「次にすべき質問が浮かばない」といったことにもなりかねない。

この原因は大きく二つが考えられる。

一つは、質問の仕方の問題。うまくシナリオがつながらない、広がらない質問の仕方のために、相手から豊かな言葉を引き出せないのだ。

もう一つは、聞き方の問題。質問に対する相手の答えのニュアンスを受け取るアンテナの感度が弱いため、せっかくのシナリオの流れを断ち切ってしまうのである。

質問する力と聞く力。この二つがシナリオに沿ってインタビューを動かしていくための大切なポイントとなる。次項では、その具体的な鍛え方について説明していこう。

長いシナリオと短いシナリオで攻めていく

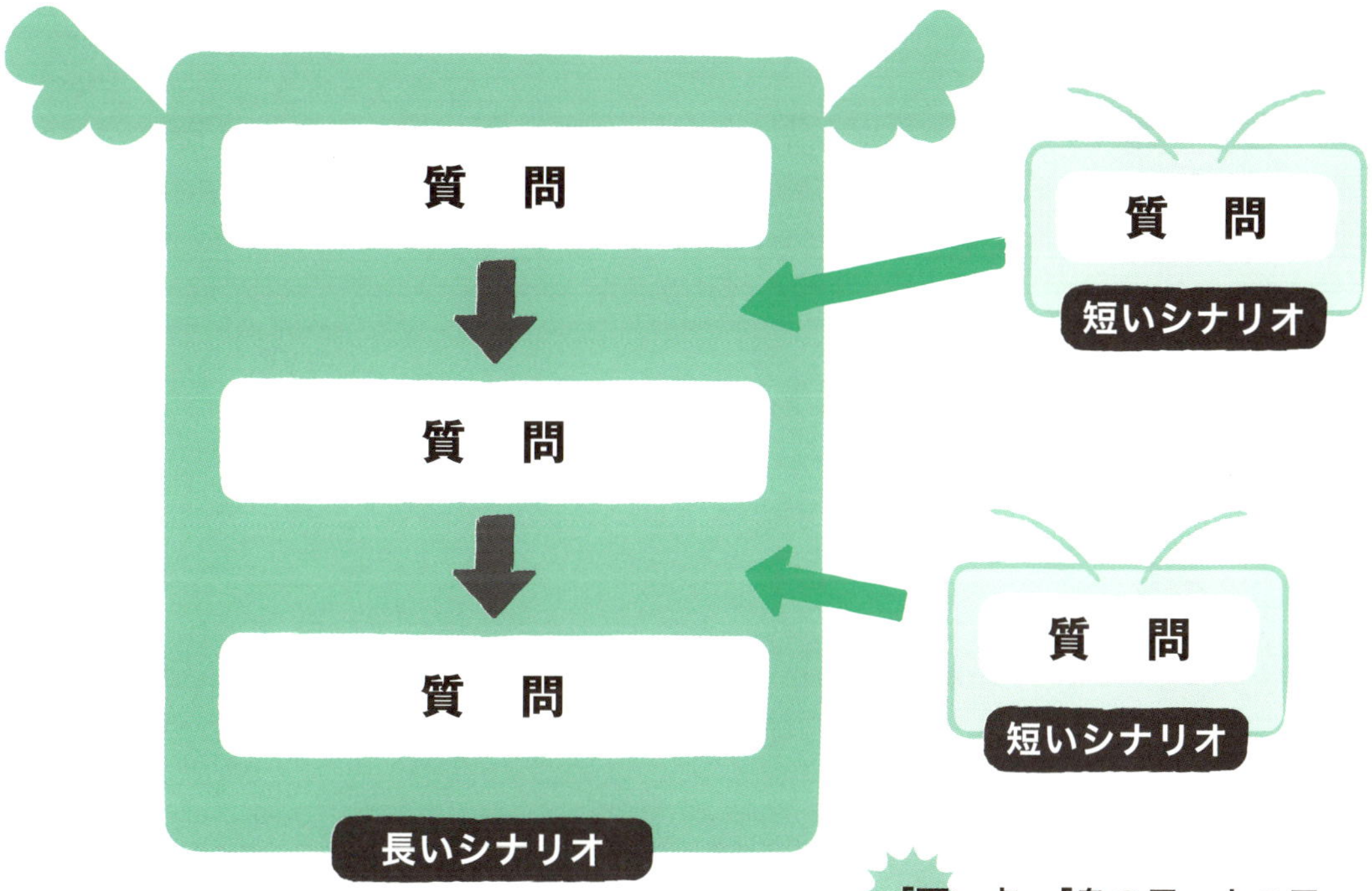
質　問
質　問
質　問
長いシナリオ
質　問
短いシナリオ
質　問
短いシナリオ

「面⇔点」「鳥の目⇔虫の目」の両方を使いこなしたい！

質問下手な人の原因

質問が浮かばない……
1 質問の仕方に問題がある
2 聞き方に問題がある
共感
感動
変化球

ニュアンスを受け取るアンテナの感度を磨かなければならない！

43

質問のセオリーは積み上げ式

日本人的発想を活かす

第3章で私は、「一般に、現場に近い人ほど、虫の目でモノを見る傾向があり、トップマネジメントの立場にいる人ほど、鳥の目で見る傾向がある」と述べた。

質問をするときには、まずは相手の目線を把握する必要がある。虫の目の人に対して鳥の目の質問をしても、豊かな答えが返ってくるわけがないからだ。

相手の目線がわからないときには、「今回のプロジェクトに関しては、率直に言ってどのような感想を持たれましたか」といった、一見意味のない漠然とした質問を投げかけ、それに対する相手の答え方で目線のレベルを測るという手もある（あまりこの手の漠然とした質問を連発すると、相手から素人だと思われてしまうが……）。

一般的に日本人は、虫の目から鳥の目へと徐々に視点を上げていく積み上げ式の思考方式に慣れている。日本人が得意とするQC活動やTQC活動やカイゼンなどは、まさに積み上げ式の発想といっていいだろう。

そのため質問も「個人的な経験」や「自分が感じていること」といった具体的な問いかけをして具体的に答えてもらい、その具体的な経験や現象を整理して括り、次第に抽象度を上げていく手法をとるのがセオリーである。

シナリオはボトムアップ型ツリーで

「具体的な答え」とか「抽象的な答え」とはどのようなことを言うのかというと、「最近、代理店A社のB部長が、競合C社に押されてウチの商品群Dの商品力が落ちてきている、と言っている」というのは、具体的な答えである。あくまでも個人レベルの問題にとどまっている。

これが「我が社の商品力・商品開発力が低下している」となると、抽象度が上がっている。

しかし商品力の低下も、市場の中でほかに起きている諸問題（プロモーション力の低下、営業力の低下）と並べたら、具体的な問題の一つとなる。

そこで、さらにこれらの具体的な諸問題を整理して括り、より抽象度を上げていく必要がある。

つまりインタビューのシナリオは、ロジックツリー（質問ツリー）でいうとボトムアップ型質問ツリーで組み立てていくのが一般的と言えるだろう。

相手から具体的な答えが出てきたら、「それはつまり○○ということですか」とか、「それはつまりなにを意味しているんでしょうかね」「今話されたことは、□□とも共通していませんか」といった相手の目線を上げるような質問を投げかけることで、段階を追って抽象度を高めていくのである。

虫の目から鳥の目に視点を上げていく

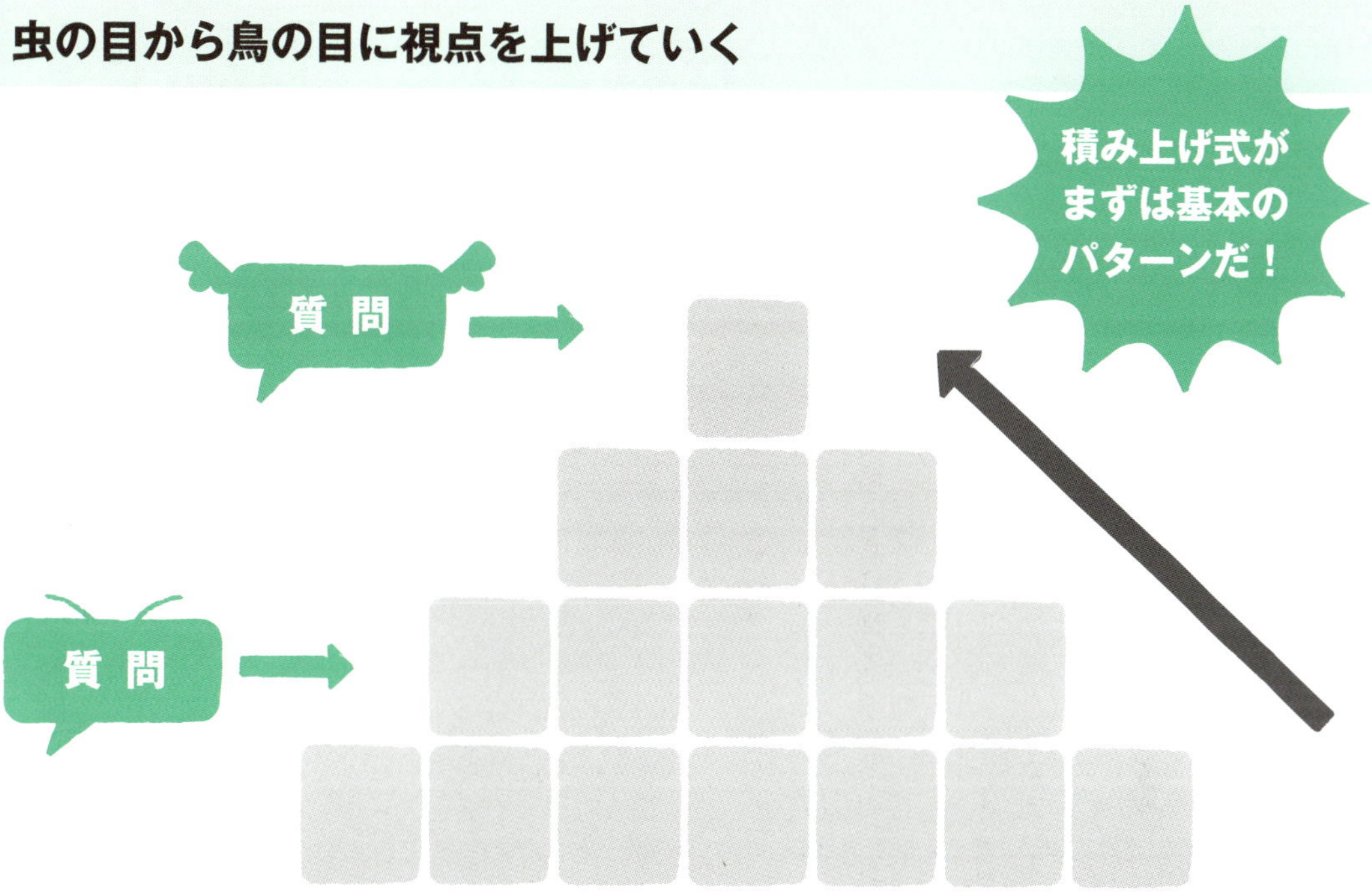
積み上げ式が
まずは基本の
パターンだ！
質 問
質 問

一般的に日本人は、虫の目から鳥の目へと徐々に視点を上げていく積み上げ式の思考方式に慣れている。

シナリオはボトムアップ型ツリーで組み立てる

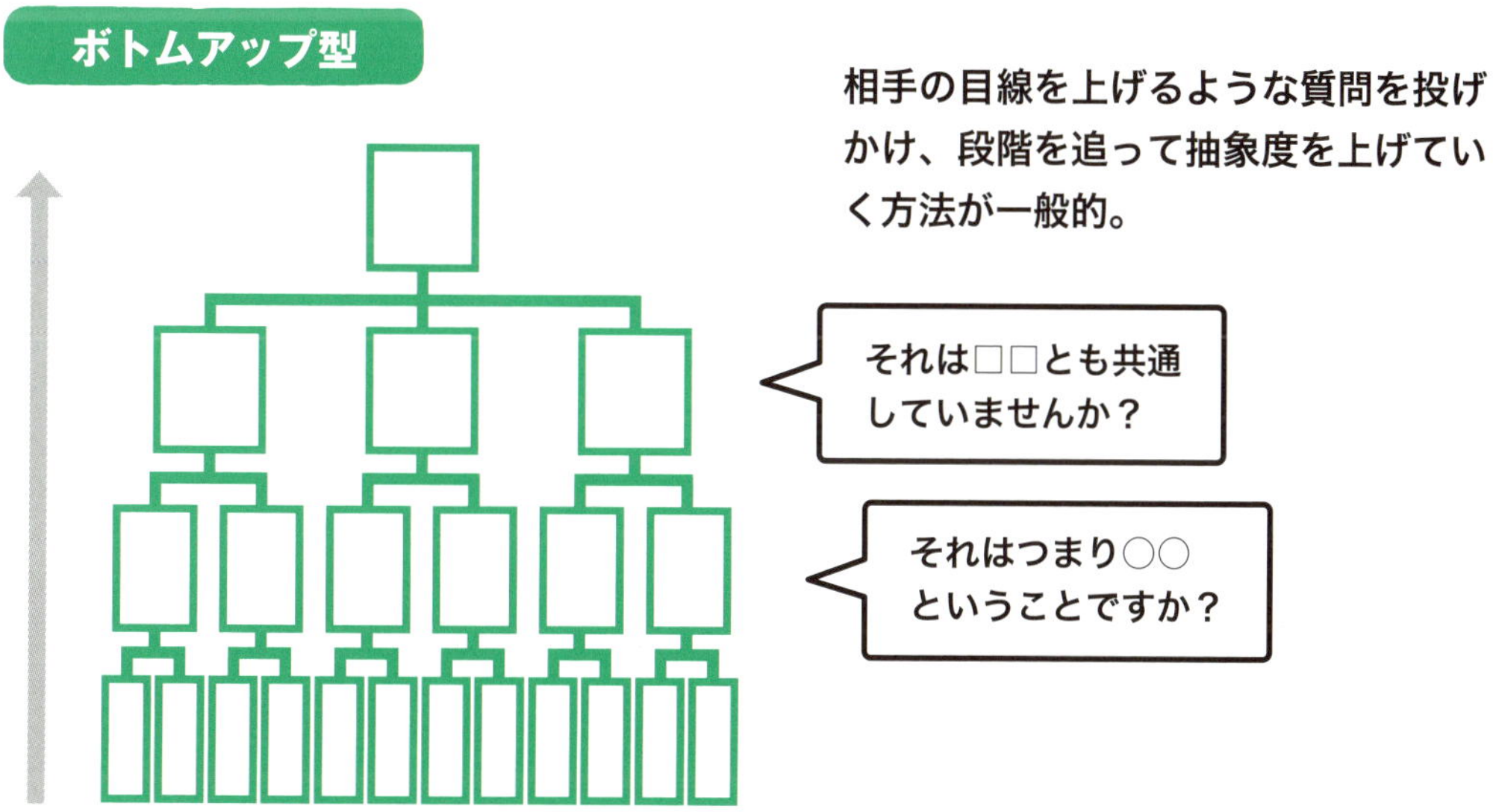
ボトムアップ型
相手の目線を上げるような質問を投げかけ、段階を追って抽象度を上げていく方法が一般的。
それは□□とも共通
していませんか？
それはつまり○○
ということですか？

44

質問ツリーの階段を縦横無尽に行き来する

相手の答えにおもしろ味がないときは

シナリオに沿って具体から抽象へと質問ツリーの階段を上っているのに、「なんかおもしろ味に欠けるぞ」というときがある。

相手が語る言葉に驚きや発見がなく、ある意味予想通りなのである。国会での事務次官の答弁みたいな感じである。

このまま質問ツリーの階段を上がれば、結論らしいモノを得ることはできるだろう。しかしそれは浅薄《せんぱく》なものになるはずだ。

そんなときは思い切って質問ツリーの階段を一番下まで下りてみる。そして違う観点から具体的な質問を繰り出すことを考えてみるのだ。

たとえば、これまでSWOT分析の「弱みと機会」の部分を中心に話を聞いてきたとする。しかしどうも話が深まらないし、広がらない。そこで話題を逆に「強みと脅威」の方に振ってみる。するとそれが一気に呼び水になるかもしれない。

フレームワークの中で振る、フレームワークを替えてみる

あるいはSWOT分析というフレームワーク自体を捨ててみる。そして違うフレームワークを持ち出して、その枠組みで話を聞いてみるといったことが必要になる場面もある。

インタビューでは、高さと同時に、深さや広さが求められる。質問ツリーの階段を高く上っていくことだけを意識するのではなく、全体像や場のポジショニングを確認しながら、時には下まで降りて深めたり、横に振って広げたりする必要がある。

シナリオを即興で修正する力

すなわち、質問ツリーの階段を縦横無尽に行き来することが、相手から得られる答えを豊かなモノにするのである。

たとえば売上低下の原因を大きく、商品力、営業力、ブランド力、価格力……という抽象的なレベルで考えていっても、必ずしも本質に近づけるとは限らない。

相手が語る言葉に驚きや発見がないならば、質問ツリーの階段を下り、商品力ならどの商品群のどの商品の低下によるのか、または商品企画力なのか、商品開発力なのか、商品デザイン力なのか、ブレイクダウンしてみるといい。また国内、海外のどちらなのか、二〇代か三〇代か四〇代か、男か女か……と具体的な質問にまで下ろさなければならない。

それからまた、営業力、ブランド力に質問ツリーを上がり直せば、相手が語る言葉も豊かになってくるだろう。上下左右、縦横無尽に質問を変え、転換しなければ本質は見えてこない。

質問のシナリオを描き、修正していく力が求められるのである。

相手の答えにおもしろ味がないときは……

質問ツリーの階段を上り下りする

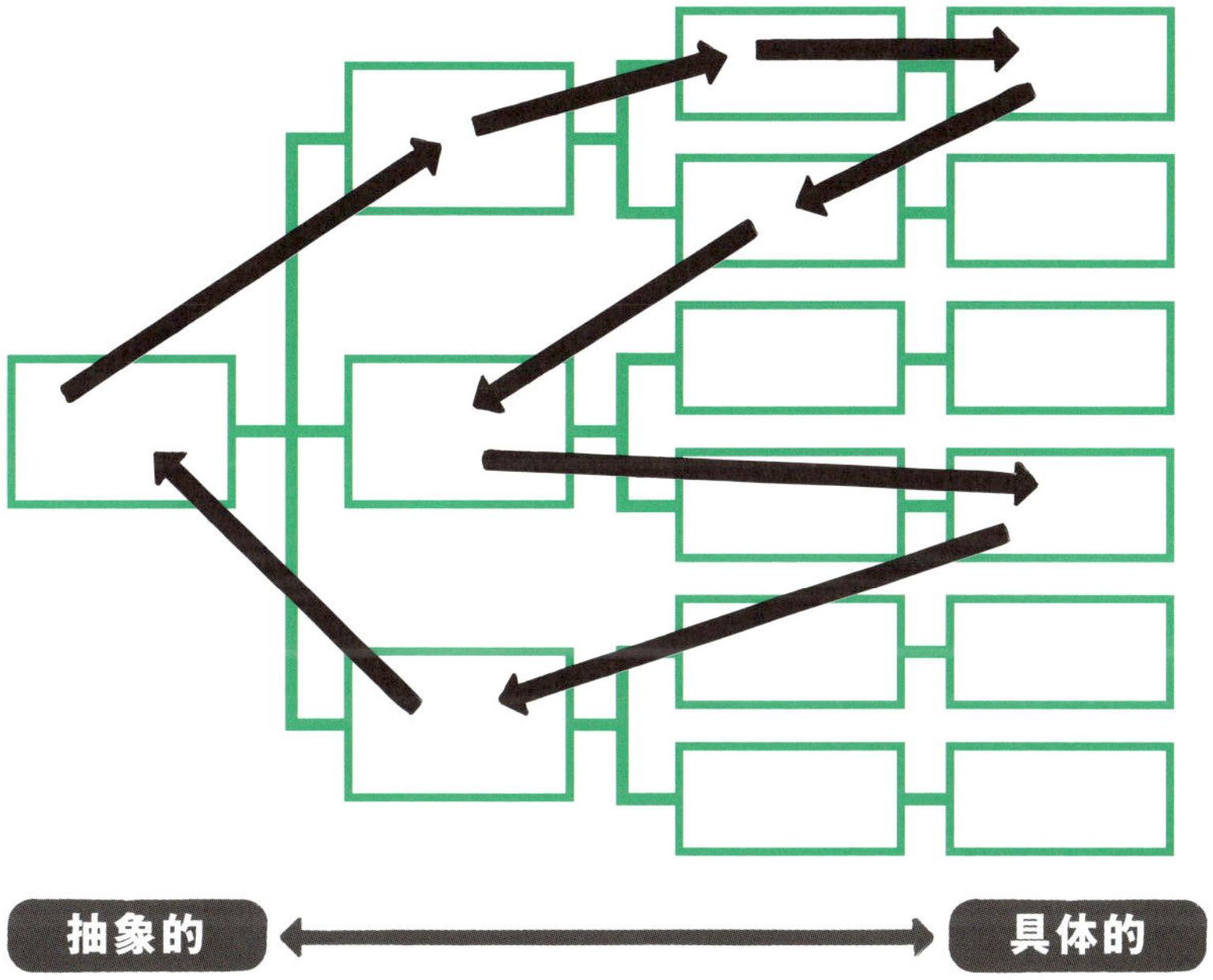
抽象的
具体的

フレームワークを替えてみる

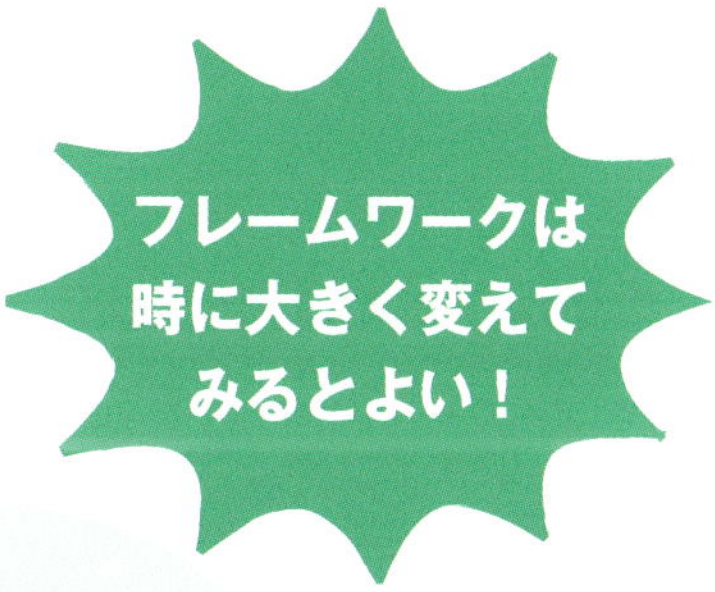
フレームワークは
時に大きく変えて
みるとよい！

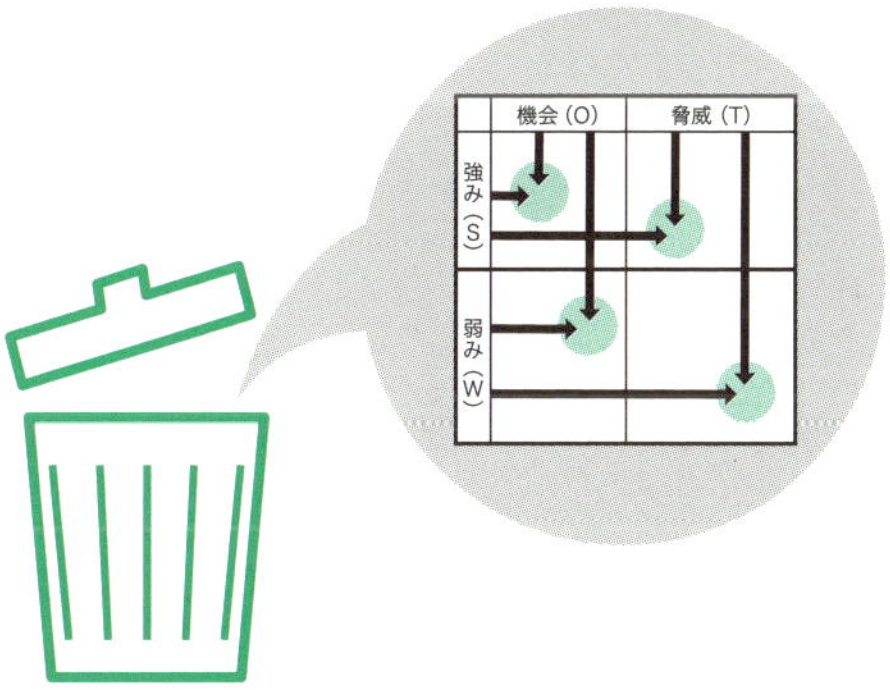
機会（O）
脅威（T）
強み（S）
弱み（W）

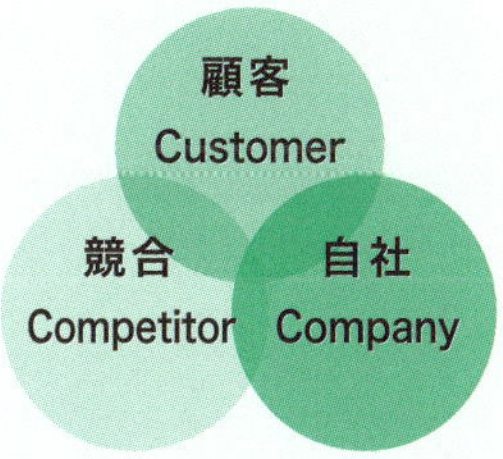
顧客
Customer
競合
Competitor
自社
Company

思い切って質問のシナリオを上下左右、縦横無尽に変え、転換していかなければ、本質は見えてこない。

45 「ゆさぶり」と「軸ずらし」でシナリオを修正する

抽象的な語りを具体的な語りに落とす

日本人は具体論から抽象論へと積み上げていく方式の思考に慣れているが、中には最初から抽象度の高い話し方をする人もいる。トップマネジメントに近い立場にいる人ほど、こうした話し方をする人が多いのは、これまで述べてきたとおりだ。

抽象的な話し方をする人に対しては、具体論に落としていく必要がある。その抽象度の高さが本質をつかんだ高さなら問題ないが、本質からずれている場合は、もう一度土台から論理を再構築していく必要があるからだ。

「具体例を挙げてください」とか、「それはたとえばどういうことでしょうか」といった質問を多めに繰り出すことで、相手の目線を下げていく。そして綻《ほころ》びがないかを検証し、矛盾がある場合には相手にそれを気づかせて、もう一度一緒に仮説を積みかさねていく作業をしなくてはいけない。

抽象的な質問と具体的な質問を適宜組み合わせて、「ゆさぶり」（＝仮説の検証）をかけるということだ。そして、この中から最適な表現、琴線に触れそうな言葉やメッセージを探っていくのだ。

軸をずらし軌道修正を図る

インタビュアーが呼び水を振るまでもなく、どんどん具体的な話を展開してくれることもある。中年女性に対するグループ・インタビューなどがそれである。グループ・インタビュー慣れをしているおばさまは、こちらの主旨を先回りして、いい答えを出そうとしてくれてしまうこともある。要注意だ。

また話の脱線が多いこともある。新発売の清涼飲料水がテーマだったはずなのに、いつの間にか洗剤の話になっていたりする。

このようなケースでは、インタビュアーが相手の話に介入して軌道修正を図る必要がある。介入といっても話を遮断するわけではない。話の流れの中でうまく主導権を奪っていくのである。私はこれが結構得意である。

たとえば「もう洗濯がね、毎日大変なんですよ」と女性の一人が話したとする。そのときにすかさず、「たしかに洗濯って体力がいりますよね。そうなると洗濯が終わったあとは、どのようなものを飲まれますか？　お茶系ですか？　それとも甘いもの系ですか？」とまあ、こんなふうに流れを壊さないで、しかも軸を変えるように介入するわけだ。文章にすると強引な介入のようだが、インタビューの現場では豊かな表情を交えてスムーズに受け入れられるようにマネジメントする。

相手の言葉をいったん受け止めて、軌道修正するわけだ。『質問力』（ちくま文庫）の中で齋藤孝氏は、コミュニケーションの秘訣を、「沿いつつずらす」と述べているが、これこそ「軸ずらし」「沿いつつずらす」技である。

抽象論を話す人には、具体論に落としていく

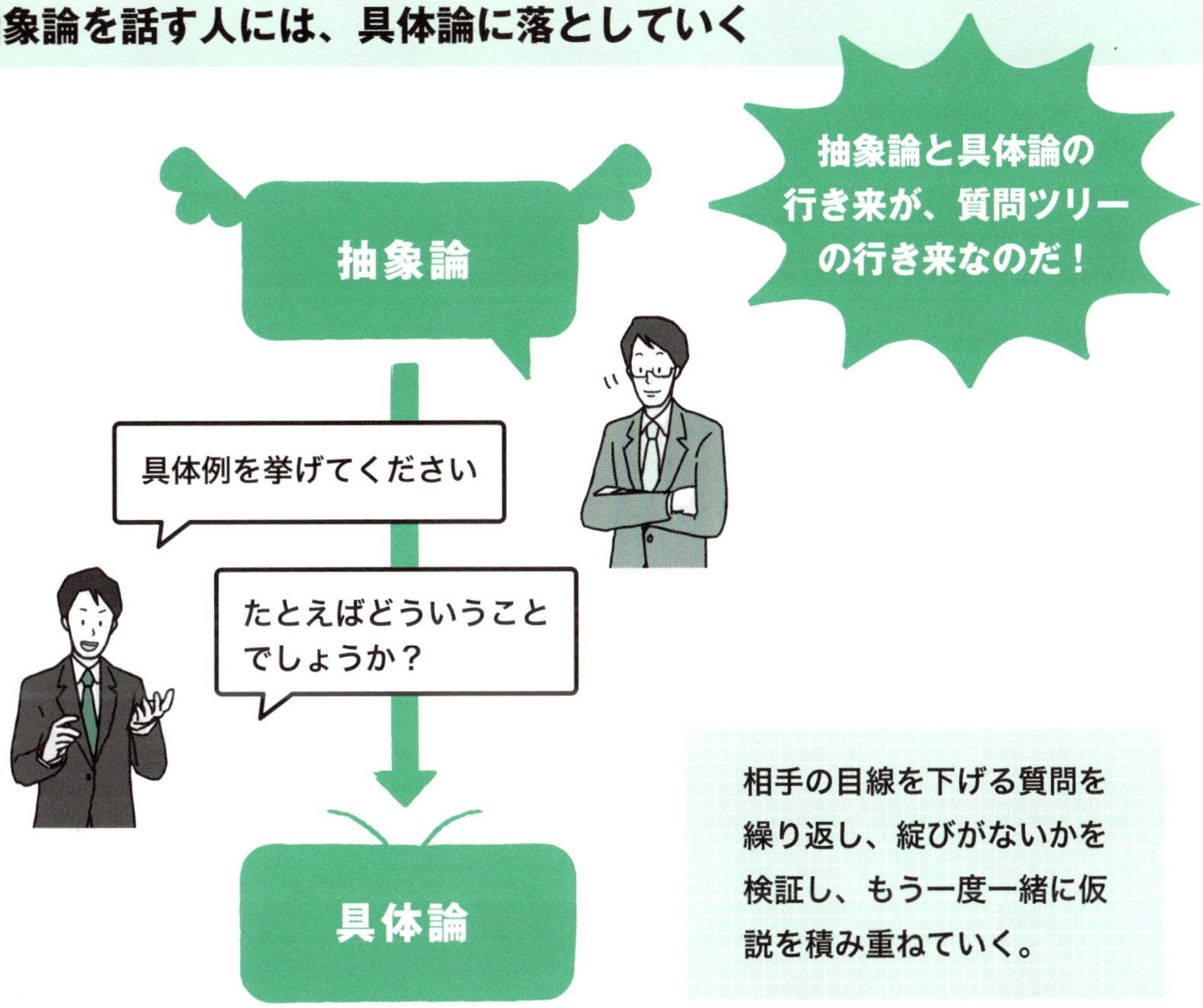
抽象論と具体論の
行き来が、質問ツリー
の行き来なのだ！
抽象論
具体例を挙げてください
たとえばどういうこと
でしょうか？
具体論

相手の目線を下げる質問を繰り返し、綻びがないかを検証し、もう一度一緒に仮説を積み重ねていく。

相手の話に沿いつつ軸をずらす

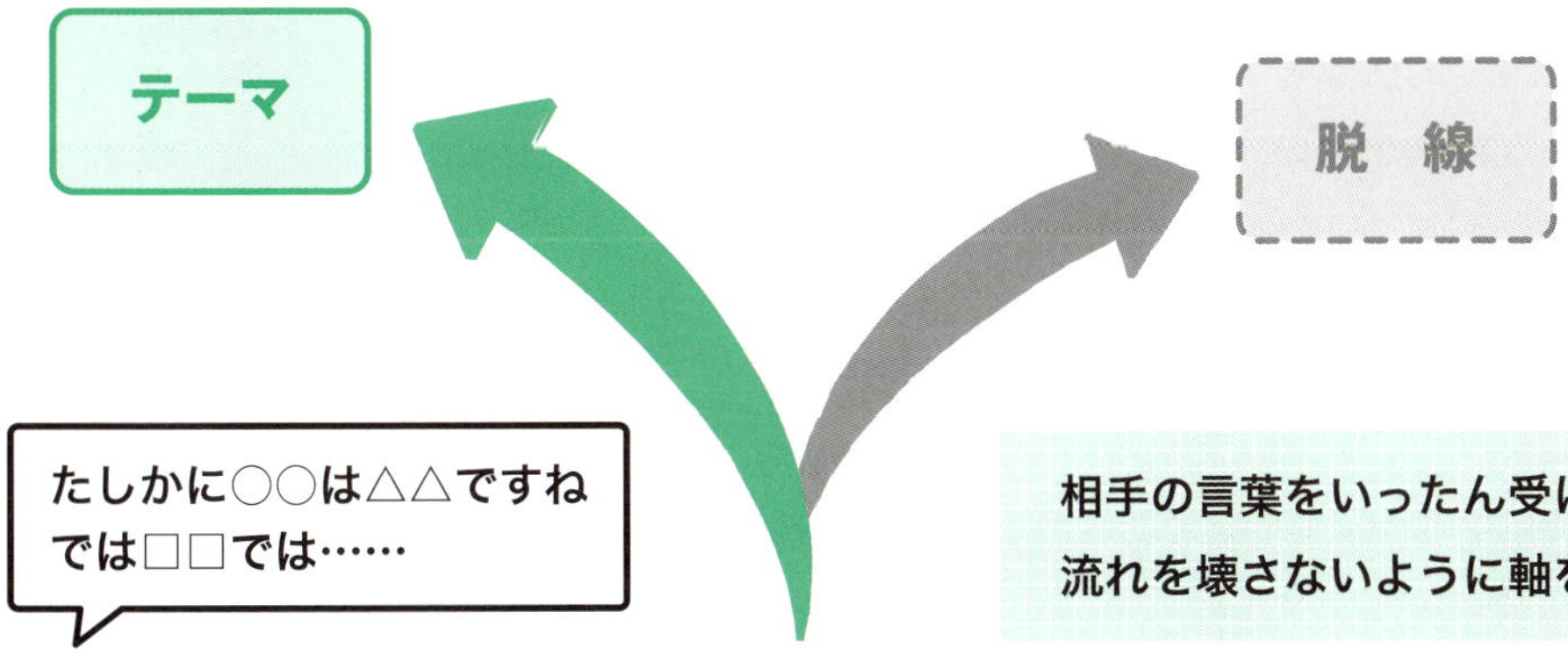
テーマ
脱　線
たしかに○○は△△ですね
では□□では……

相手の言葉をいったん受け止め、流れを壊さないように軸を変える。

46

相手のメッセージを読み取る「聴く力」

奥さんは何を伝えたがっているのか

あなたが仕事から帰ってきたら、奥さんがこんなふうに話しかけてきたとする。

「今日ね、太郎が『もう英会話教室に行きたくない』って言い始めたのよ。お隣の家の一郎くんと同じ英会話教室に行けるのを、あんなに喜んでいたのにね。奥さんの話だと、一郎くんは英語が大好きになって、家でも英語の勉強をしてるんだって。すごいわね。それで奥さんもすごいのよ。最近、趣味で陶芸を始めたらしいの。週末にはご主人と一緒に陶芸教室に通っているらしいわよ」

これに対し、「それでいったいなんなんだ。なにが言いたいんだ」と答えたらNGである。

奥さんは、子どもの教育について相談したいのかもしれない。思春期を迎えつつある子どもの姿に戸惑っているのかもしれない。「私たち夫婦も趣味を持って、もっと人生を楽しみましょうよ」と言いたいのかもしれない。

こんなふうにメッセージを読み取っていくと、奥さんに確認しなくてはいけないことが山ほどあることに気がつく。質問したいことが、A、B、C、D、Eとたくさん出てくる。

奥さんの話は大きく、「太郎君の話」「夫婦の話」、その奥にある「家族の話」に分かれる。三つ全部が大事なのかもしれないし、実は自分の話をただ聞いてほしいだけかもしれない。これらを一つひとつひも解いていくような、愚直な聴く姿勢が大前提である。相手が発したメッセージを読み取る力を持てば、「次にするべき質問がまったく浮かばない」ということは非常に少なくなるはずだ。

ナラティブな語りに耳を傾ける

相手のメッセージを読み取るためには、言葉だけではなく、口調やしぐさ、表情などからも相手が考えていること、感じていることを読み取っていく。ただ「聞く力」というよりは、物語に注意深く耳を傾ける「聴く力」が必要になってくる。

たとえば相手の沈黙にも意味がある。相手は、こちらの質問の意味が理解できなくて沈黙しているのかもしれないし、触れられたくないイヤな部分を質問されて押し黙っているのかもしれない。同じ沈黙でも、相手の表情やしぐさなどからその意味を読みとることによって、次に発すべき質問も変わってくる。

上の例では奥さんのナラティブ（物語）性はどこにあるのだろうか。考えられる仮説としては、「お隣の夫婦仲が良いことが、一郎君にいい影響を与えて、英語が好きになったメカニズムが私はうらやましい！」「お願い、もう少し私の話を聞いてください。私と太郎にもっと関心を示してください！」とナラティブに語りたいと思っているのではないか、といった声が聞こえてくる。発言の裏の真意についてまで、推しはかる必要があるのだ。

相手の言葉の裏に隠されたメッセージを読み取る

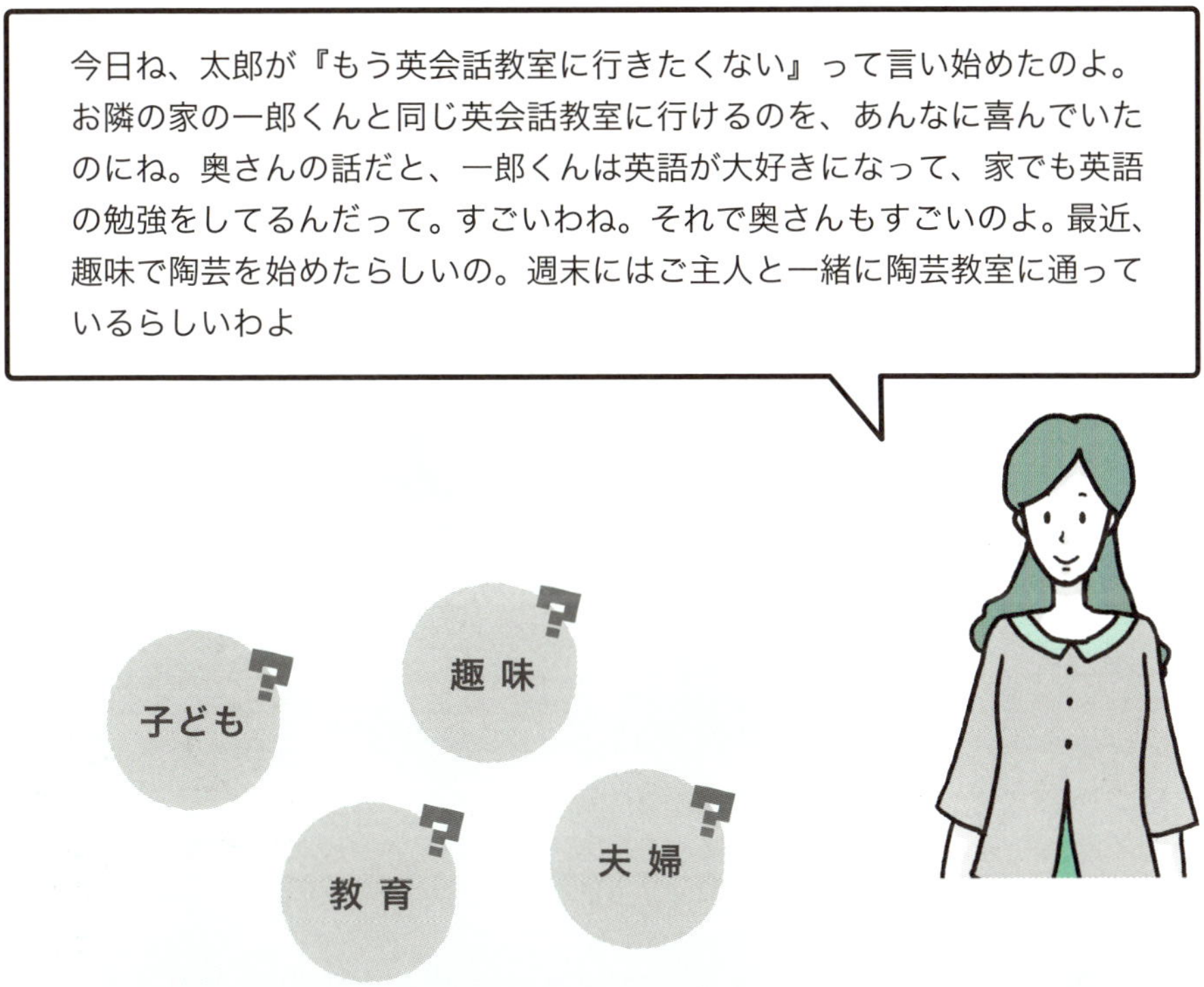
今日ね、太郎が『もう英会話教室に行きたくない』って言い始めたのよ。お隣の家の一郎くんと同じ英会話教室に行けるのを、あんなに喜んでいたのにね。奥さんの話だと、一郎くんは英語が大好きになって、家でも英語の勉強をしてるんだって。すごいわね。それで奥さんもすごいのよ。最近、趣味で陶芸を始めたらしいの。週末にはご主人と一緒に陶芸教室に通っているらしいわよ
子ども
趣味
教育
夫婦

相手が発したメッセージを読み取り、
次に質問すべきことを考えていく。

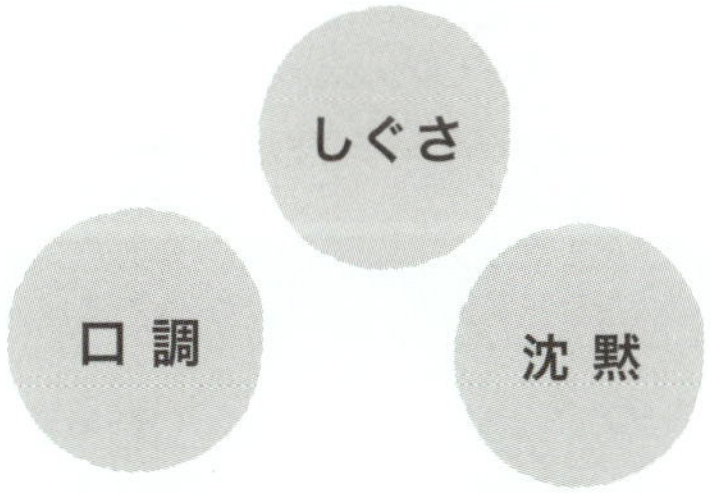
しぐさ
口調
沈黙

聴く力は、シナリオ力のトレーニングにも通じる！

言葉だけでなく、相手の表情やしぐさにも注意を向ける。

相手の言葉やしぐさなどに注意深く意識を向け、メッセージを読み取る力が持てれば、「次になにを質問すればいいのかわからない」といったことは非常に少なくなる。

47

ストーリーで人を動かす

コンサルタントの質問力、ジャーナリストの質問力

コンサルタントと同じく、高い質問力を求められる職業にジャーナリストがある。取材対象に対して、時には厳しい質問で切り込みながら事実を明らかにしていくのが、ジャーナリストの仕事である。

ではコンサルタントの質問力と、ジャーナリストの質問力の違いはなんだろう。コンサルタントの場合、答えをつかんだクライアントが、新しい目標に向かって意欲的に取り組んでいくという状況を作り出さなくてはいけない。質問を重ねた末に本質をつかんだとしても、相手のモチベーションが萎えてしまうようでは、インタビューとして失敗である。

一方、ジャーナリストの仕事は、あくまでも事実の追究である。たとえば政治家の汚職疑惑であれば、もし追究を続けることによって相手の政治生命を断つことになったとしても、その手綱を緩めてはいけない。相手との共感や創発は必要条件ではない。

一方、コンサルタントの質問力では、共感も創発も必要十分条件となる。相手が納得し、動機づけされ、相手が行動するプロセス全体の責任を負うのが、コンサルタントなのだ。相手がこちらの意見を含んだ質問に動かされ、行動してもらわなければならないのだ。

そこがコンサルタントの質問力と、ジャーナリストの質問力との決定的な違いである。そしておそらく、大半のビジネスで必要とされるのはこの「人を動かす質問力」であろう。

では、答えをつかんだクライアントが元気になり、目標に向かって意欲的に行動を起こすように仕向けるにはどうすればいいのだろうか。私は「ストーリーテリング」がカギを握ると考えている。

「ストーリーテリング」によって理念や存在意義を理解する

人はお題目のように掲げられた理念や目標だけでは動こうとしない。「確かにその理念は大切だ」と共感し、「その理念を実現するために、この目標を達成しなくてはいけないのもよくわかる」という納得感があって、初めて心と体を動かすことができるようになるものだ。その共感や納得感を得てもらうために、ストーリーテリングが必要なのである。

最近、日本の企業でも「ストーリーテリング」が注目を集めるようになっている。ストーリーテリングとは、経営者などのトップマネジメントの立場にある人が、会社の歴史や理念、社会の中での存在意義などを、心を込めて、実体験を交えながら、いきいきとした言葉で語ること。会社の草創期から成長期、挫折と試行錯誤を経た再生までのストーリーや、会社を支える主力商品が市場に受け入れられるまでのストーリーが語られたりする。

社員はストーリーを聞くことで会社の理念や存在意義を理解し、また血肉化するわけだ。

コンサルタントとジャーナリストの質問力の違い

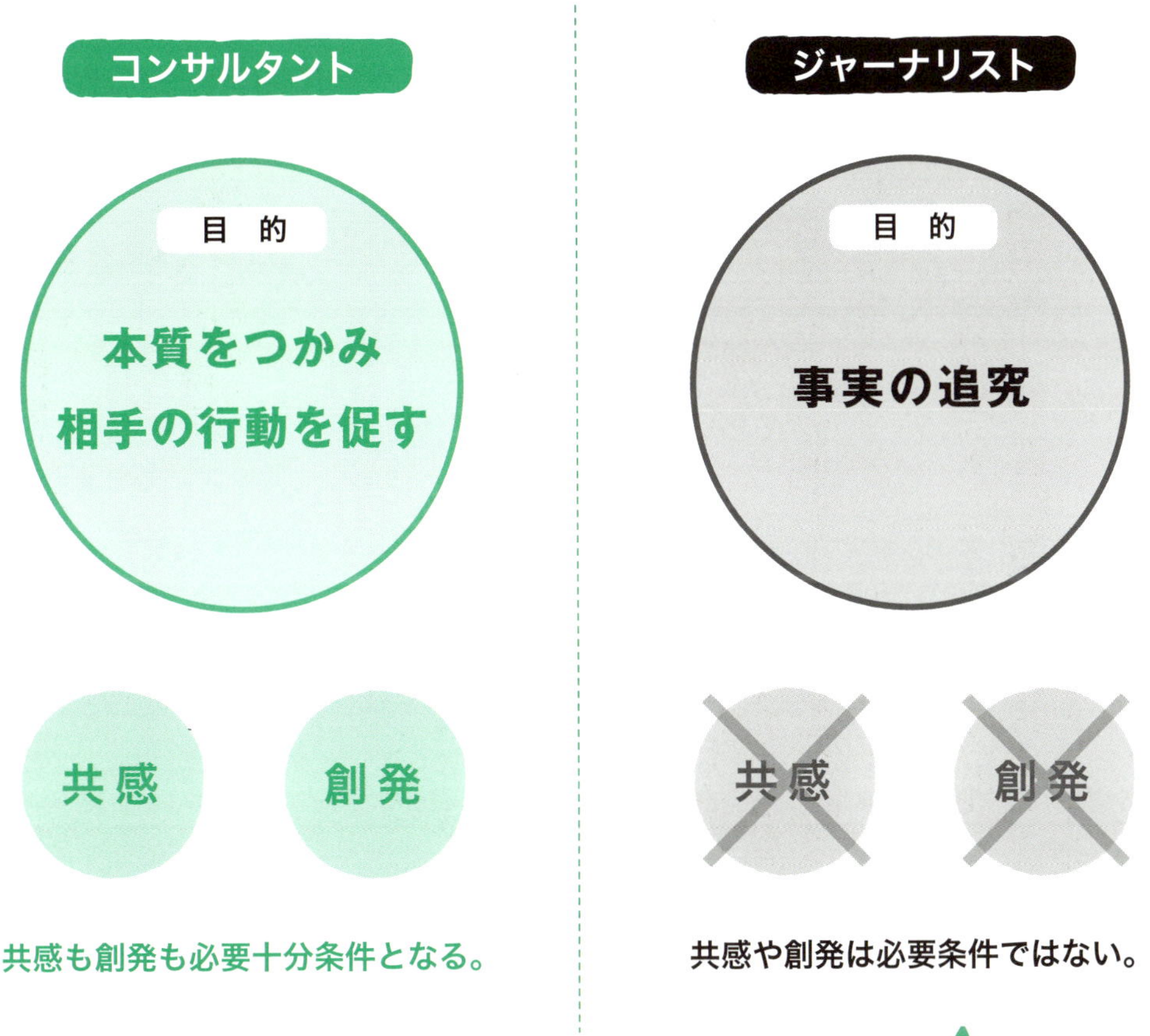
コンサルタント
目的
本質をつかみ
相手の行動を促す
共感
創発
共感も創発も必要十分条件となる。
ジャーナリスト
目的
事実の追究
共感
創発
共感や創発は必要条件ではない。

ストーリーテリングの必要性

ストーリーテリングはシナリオ力から来るものである！

ストーリーテリングとは……

経営者などの**トップマネジメントの立場にある人**が、会社の**歴史**や**理念**、社会の中での**存在意義**などを、**心を込めて**、実体験を交えながら、**いきいきとした言葉**で語ること。

質問は究極のコミットメントで完結する

ストーリーテリングをシナリオに取り入れる

誰しも仕事に対する思いを持っている。この会社になぜ入ったのか、なにを誇りに働いているのか、これからどんな会社にしていきたいか、これから自分はどう成長していきたいか……。インタビューではそうした思いを質問によって引き出し、耳を傾け、共感するのだ。そしてコンサルタント自身も質問を通じて、お題目の理念ではなく、生きて血の出るストーリーとして会社の理念をつかみ取る。

さらに大切なのは、会社の生きた理念を実感したら、「私はあなたの会社にここまでコミットしてきました。その結果、あなたの会社が素晴らしい理念を持った企業であることがわかりました」というメッセージを発信すること。そうして自分たちの会社の存在意義をクライアントに確認してもらうのだ。

以前私が、あるハウスメーカーのコンサルティングに携わったときのこと。その会社は、価格競争に巻き込まれて苦戦していた。しかし北国のメーカーらしく、断熱性や気密性を重視したしっかりとした家作りを目指していた。その志の高さをインタビューを通じて実感した私は、会長にこう話した。

「スウェーデンやノルウェーは、世界の中心ではありませんが、住宅においては断熱性や気密性に優れた家作りで、独自の存在感を放っています。会長の会社も、日本の中では地方にあります。けれども世界におけるスウェーデンやノルウェーのように、地方発の信頼感のある家作りができるメーカーとしての地位を確立したいんですよね」

すると会長は目に涙を浮かべ、「そう理解していただけたのなら、ほんとうにうれしい。その思いを現場の営業マン一人ひとりにまで浸透させたい」と答えてくれたのだ。

血の通った理念と、自分たちの存在意義を知っている会社は強い。コンサルタントが提案した戦略目標や行動計画を、強い意志を持ってやり遂げる力がある。そこまでコミットメントできたとき、コンサルタントの質問は、ようやく完結する。

仮説力・本質力・シナリオ力は相乗化する

質問力は、仮説力・本質力・シナリオ力の組み合わせによって威力を発揮する。この三つの能力は、単独では存在し得ない。いつも一緒に動き、いつも同時に相乗化される。

優れたコンサルタントはこの三つの能力をバラバラに考えることはしない。仮説力があれば、本質力もシナリオ力もある。シナリオ力があれば、仮説力も本質力もあると言える。

最大の効果、最高の成果を実現するコンサルタントの基本スキルとは、「質問力」であると断言できる。質問力なきコンサルタントやビジネスパーソンは、プロフェッショナルとは言えない。

ストーリーとして会社の理念をつかむ

クライアントへの真のコミットメントこそが、
クライアントのストーリーを読み取る秘訣である！

私はあなたの会社にここまでコミットしてきました。
その結果、あなたの会社が素晴らしい理念を持った
企業であることがわかりました！

コンサルタント自身が、質問を通じて会社の理念を
ストーリーとしてつかみ取り、クライアントに自分
たちの会社の存在意義を確認してもらう。

質問力は、３つの能力の組み合わせによって威力を発揮する

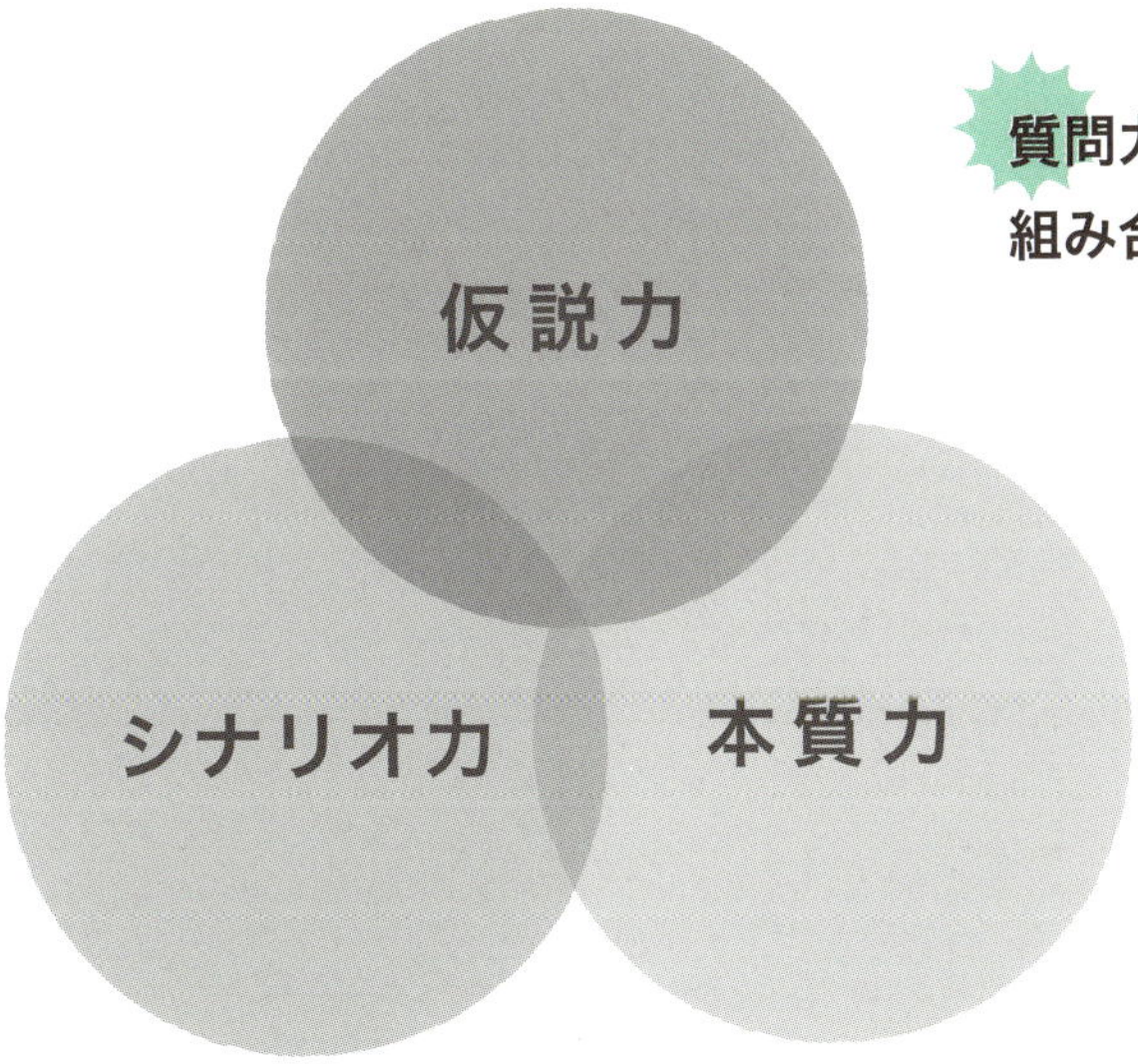

質問力は３つの能力の
組み合わせである！

上記の３つの能力は、単独では存在し得ない。いつも一緒に動き、いつも
同時に相乗化されるものである。

「シナリオ力」を鍛える8つのポイント

1

「シナリオ力」とは、大きな流れを読み、ゴールに向けて適切な質問をする能力。

2

頭の中に、同時に複数のフレームワークを思い描きながらインタビューする。

3

単に矛盾のないシナリオではなく、相手への共感を元に、豊かなストーリーを含んだシナリオが必要。

4

「長いシナリオ」と「短いシナリオ」を複数用意する。

5

具体的な問いかけをして、次第に抽象度を上げていく「積み上げ式」が質問のセオリー。

6

相手の答えがおもしろ味に欠けるときは、違う観点から具体的な質問を繰り出してみる。

7

「ゆさぶり」と「軸ずらし」で、シナリオを修正する。

8

相手に共感や納得感を得てもらうためのストーリーテリングが必要。

著者紹介

野口吉昭（のぐち・よしあき）

横浜国立大学工学部大学院工学研究科修了。現在、株式会社HRインスティテュート（HRInstitute）の代表。中京大学総合政策学部・経済学部講師。NPO法人「師範塾」副理事長。ＦＭヨコハマの「Yokohama Social Cafe」のDJを担当。

主な著書・編書に『遺伝子経営』（日本経済新聞社）、『戦略シナリオのノウハウ・ドゥハウ』『コンサルタントの「現場力」』『コンサルタントの「ひと言」力』（以上、PHP研究所）、『チームリーダーに必要なたった1つの力』（かんき出版）、『コンサルタントの習慣術』（朝日新書）、『考え・書き・話す「3つ」の魔法』（幻冬舎）、『成功軸の作り方』（青春出版社）、『「ありがとう」が人と会社を幸せにする～笑顔で働く20のルール』（マガジンハウス）など多数。

株式会社HRインスティテュート
[TEL] 03-3423-3201
[URL] http://www.hri-japan.co.jp/
夢とビジョンを応援するメールマガジン「ビジョンマガジン」無料配信中。ビジネスに役立つコンテンツを定期配信。

● **装丁**：齋藤 稔
● **編集協力**：奥原 剛
● **本文イラスト**：小田あいり

本書は、2008年刊『コンサルタントの「質問力」』（PHPビジネス新書）に図・イラストを加え、加筆・修正をしたものです。

[図解] コンサルタントの「質問力」

2012年7月6日　第１版第１刷発行

著　　者	野口吉昭
発 行 者	小林成彦
発 行 所	株式会社ＰＨＰ研究所
	東京本部　〒102-8331　千代田区一番町21
	ビジネス出版部　☎03-3239-6257（編集）
	普及一部　☎03-3239-6233（販売）
	京都本部　〒601-8411　京都市南区西九条北ノ内町11
	PHP INTERFACE　http://www.php.co.jp/
制作協力 組　　版	株式会社ワード
印 刷 所	共同印刷株式会社
製 本 所	東京美術紙工協業組合

ISBN978-4-569-80524-5